今を生き抜くための

70年代オカルト

前田亮一

光文社新書

プロローグ　僕らの血肉となったオカルトの源泉

「例のアレ、どうなった?」という気持ちが、オカルトについて書き始めるきっかけだった。

本書は、90年代から世界のアンダーグラウンドカルチャーをレポートしてきた筆者が、自らが子供時代に体験した70年代の昭和オカルトブームの検証から始まり、その発祥をたどり、日本で〝オカルト〟と呼ばれているものの正体に迫ろうというものである。

オカルトブームの検証記事は、雑誌『ブブカ』(白夜書房)が最初だった。それは不定期連載だったが、すでにオカルト事件の真偽より、社会現象としてのオカルトブームがいかにして始まり、どのように世の中に受け入れられ、現代においてどのように捉えられているのかを追っていた。

昭和40年代生まれの僕らの世代は、70年代にカラーテレビの普及とともに巻き起こった社会現象としてのオカルトブームを体験している。だからこそ、マスメディアの力が強大であった昭和の時代を思い起こすほど、「ある・ない」を超え、子供の頃の自分が驚いた、僕らの血肉となったオカルト情報を探し求めるのだ。

ＵＦＯ、宇宙人、超能力、心霊写真、ネッシー、ツチノコ、ピラミッド・パワーなどは、どこから来て、どこに向かったのだろうか？

昭和を知らない世代にとっては信じ難いことかもしれないが、70年代のオカルトブームは、メジャーメディアによってけん引されたもので、特にテレビメディアの影響力はすさまじいものがあった。当時、メディアリテラシーなんてなかったし、フィクションとノンフィクションの区別もなく、ファンタジーとリアルは未分化のまま、テレビで報じられるすべての情報を必死に受け止めていた。そこでは、幻想と現実が一体となって、僕らの中に侵入してきたのだ。

社会現象としてのオカルトブーム

１９６４年の東京オリンピック、70年の大阪万国博覧会が大成功したときには、これからどんな未来が到来するのだろうかと、科学技術の進歩にみんなが期待していたことだろう。そのタイミングで一般家庭にカラーテレビが普及し、大人も子供もテレビに夢中になったのだ。

だが、1973年10月6日、第四次中東戦争が勃発し、原油価格の高騰によるオイルショックが日本を襲った。戦後の高度経済成長が初めて大きくつまずき、公害問題も深刻化していたことから日本中に不安と恐怖が広がった。激化するベトナム戦争、米ソ冷戦下での核戦争への恐怖、そこから噴出した科学文明批判が、欧米でも巻き起こっていたのだ。

昭和オカルトブームの最初の衝撃となったのが、73年3月に出版された小松左京のSF大作『日本沈没』、それに続くように同年11月に出版された五島勉の『ノストラダムスの大予言』の爆発的な大ヒットだった。日本が沈没し、人類は滅亡する、そんな終末論が広く受け入れられたのも、当時の混沌とした世相を反映したものである。このあとも、五島独自のノストラダムス解釈である「1999年7の月、人類滅亡の日」という終末論が漂い続けることとなる。

74年、超能力者ユリ・ゲラー初来日の際には、子供ばかりか大人までもが、スプーンと壊れた時計を用意して、テレビの前で待ち構えたものである。この先、未来がどうなってしまうか、そんな不安が、テレビからの過剰な情報によってますます増幅されていったのだ。同時期に、UFO、宇宙人、ネッシー、ツチノコ、心霊写真などがメディアを賑わせ、まさにこれが昭和オカルトブームであった。

あらためて、オカルトとは何だろう?

日本で俗にオカルトと呼ばれているものは、世界的には「パラノーマル(超常現象)」といわれていると考えたほうがいいだろう。もともと、オカルトという言葉は「隠されたもの」を意味する。その源泉を辿ると、ヨーロッパの神秘学(オカルティズム)に行き着く。ここでは、美術史家フランセス・イエイツらのオカルト研究を参照して、歴史を遡ってみよう。

15世紀にグーテンベルクが印刷技術を発明したとき、多くの学者たちがまず求めたのは、古代の学問の復興であった。ローマ帝国以来、ヨーロッパ学問の基礎となっていた経験主義的なアリストテレスを超えるため、特に人気があったのが、後期プラトンの著作やエジプトにまで遡るヘルメスのエメラルド板の写本といわれる「ヘルメス文書」である。そこには、「隠されたもの」としての真理が語られており、それこそがオカルト思想の源泉となるものだった。これらは占星術や錬金術とも呼ばれ、のちの天文学や化学の発祥においても、重要な役割を果たすことになる。

意外に思うかもしれないが、近代の始まりといわれる時代は、中世キリスト教世界の崩壊とともに、異端とされてきた古代の叡智が復興し、オカルト思想が激動の時代とともに渦巻いていた。俗に「科学的」といわれるような機械論的自然観は、17世紀のニュートン力学の登場以降に確立されていくものである。

ニュートンののち、18世紀にオカルト思想の考え方を生物学に活かそうとしていたのが、科学者にして芸術家のゲーテであった。たとえば、ゲーテの『ファウスト』は当時のオカルト思想の状況をうまく伝えている。

20世紀には、精神分析学の権威ユングが、そのようなオカルト思想を人間の内面で起こる現象として捉え、集合的無意識で読み解こうと試みている。そう考えると、１９５０年代にユングがＵＦＯ現象に古きオカルト思想の蘇生を感じ取り、遺作となる『空飛ぶ円盤』を著したのも頷けるのである。

神秘体験と呼ばれるものは、古くは「天使」「妖精」「人魚」などによって説明されたが、現代は「宇宙人」「超能力」「心霊現象」などにとってかわられているともいえるだろう。

このような歴史的な背景から、日本と海外では、オカルト的なものに対する認識がかなり違ったものとなっていくのだ。

ソーシャルメディア時代のオカルト

さて、過去にも幾度となく、オカルトブームのリバイバルといえるものがあった。だが、ソーシャルメディアが定着した現代にあって、あらためて、オカルトブームへの関心が高まっている。その理由は、大きく3つあるだろう。

ひとつは、前述した通り、70年代の日本で社会現象としてのオカルトブームを体験した世代が、マスメディアの力が強大であった昭和の時代の情報の共有感を思い起こし、心のどこかにひっかかっていた不思議な事件を、ネットの力を借りて再検証しようというものだ。

さらにもうひとつは、マスメディアからソーシャルメディアの時代への移行期にあるいま、ネット上の個人は、オカルトの自由とでもいうべき状況を謳歌しているだろうという理由である。

テレビメディアの時代には、宇宙人にしろ、超能力にしろ、バラエティ番組を中心に「ある・ない」論争が続いてきた。だが、オカルトが広く世間に認知されるようになってからは、ある種プライベートな問題として、〝宗教の自由〟ならぬ〝オカルトの自由〟とでもいうべき寛容さが生まれていると思うのだ。以前なら、恥ずかしくて他人に話せなかったような自分のオカルト趣味をカミングアウトしてもいい、そんな風潮が潜在的なオカルトファンを花開かせているように思う。

ここで筆者のオカルトに対するスタンスを告白するなら、目に見えない世界は信じているけれど、他人の言説をそのまま信じたくない。どちらかというと、自分自身で検証したい。どこかにUMAがいるなら、ぜひ自分で探しに行きたいというところだろうか。

ところで筆者は、中学1年生のとき、親戚家族がイギリスに赴任していたことから、夏休み1カ月を海外で過ごすことになった。当然、イギリスならばネス湖に行くぞと心に誓って日本を発った。それでも中学生が単独でネス湖を目指すのは至難の業、ジュース一本買うのも大変だった。伯母を巻き添えにエジンバラ行きの長距離バスに乗ったが、有名観光地のネス湖はホテルも交通機関も予約で満杯。結局、ネス湖に辿り着けずに無念の帰国となったのだ。

そんな思い出が、子供の頃にオカルト資料を収集していたことにつながってくる。いまになって思えば、中学時代に海外に行った経験は貴重だった。現在も取材記者として海外に赴くことが多いのは、未踏の地を目指す気持ちに変わりがないということだろう。

オカルトブームが教えてくれること

オカルトブーム再燃の3つ目の理由は、先行き不透明な現在の世界情勢だろう。日本も含めて、世界的な経済低迷に伴い、経済や情報の格差は広がる一方、さらにはテロや紛争、新種の伝染病、大災害の危機までが日々叫ばれている。2011年に3・11の震災&原発事故を体験した僕らにとっては、再び混乱の時代へと突進しているようにみえるのだ。かりそめの平和にある日本も、いつか殺伐としたテロと戦争の連鎖に巻き込まれていくことになるかもしれない。

そんな状況を目の前にして、3・11後に読み返した『日本沈没』は、確かに小松左京の強烈な日本人論になっていたし、『ノストラダムスの大予言』も希代のベストセラー作家・五島勉の作品として読むなら、その独特のエンターテインメントを存分に堪能できる。そればかりか、70年代オカルトでよく語られてきた宇宙視点からみた人類の平和、未確認生物たちの捜索から発想する環境問題や文明批判、死後の世界や守護霊から読み解く人間の本質などの考え方は、いまも充分に利用できるのではないかと思うのだ。

ネット時代には、世の中の不思議なことを楽しもうという昭和のオカルトより、政府や権力による意図的な操作を疑う陰謀論が力を持つようになっている。そういうものをすべてひっくるめて、いまさらに、僕らがオカルトブームに立ち返るのは、ひさしく忘れていた子供の頃の感動と興奮を懐かしむためばかりでなく、迫り来る危機を感じ取り、僕らの身体に潜在的に備わっている生きる力を活性化させておきたいからである。

さらに筆者は、日本におけるオカルトブームが、敗戦とともに封印されていた日本文化に内在する精神主義を蘇らせたと考えている。ここでは、そんなオカルトブームの裏側を暴き、米ソ冷戦下で盛んになった世界的なブーム、そこから連なるカウンターカルチャーの源泉を辿ってみようと思うのである。付け加えるなら、日本では、表向きはタブー視される「宗教」や「政治」の問題もまた、オカルトというオブラートに包まれながら語られてきたのではないかと思うのだ。

ここでさらにオカルト予想屋を気取らせてもらうなら、2020年東京オリンピックののち、日本をさらに過酷な不景気が襲うことになるだろう。いや、それ以前に大災害や原発のトラブルが起これば、致命的な状況に陥ることは免れない。2020年オリンピックを予言した大友克洋の『AKIRA』の荒廃した未来像は、もはや現実となりつつあるとさえいえる。2020年以降、さらに形を変えた新しいオカルトブームが巻き起こるのではないかと思えてならないのだ。

21世紀になってみると、20世紀に想像していたような夢の未来は到来しなかった。それどころか、トンデモない現実を生きなければいけない時代に突入していることは誰もが認めるところだろう。だからこそ、僕らは、ますますオカルト的なものを渇望して止まないのだ。

さあ、そんなオカルティックな旅に出発しようではないか。

目次

プロローグ　僕らの血肉となったオカルトの源泉　3
社会現象としてのオカルトブーム　4／あらためて、オカルトとは何だろう？　6／ソーシャルメディア時代のオカルト　8／オカルトブームが教えてくれること　10

第一章　宇宙開発時代の空飛ぶ円盤　17
日本のオカルトブームの原体験　17／50年代のアメリカＵＦＯブーム　20／コンタクティたちとＵＦＯ教　25／現代の神話としてのＵＦＯ　29／デニケンの古代宇宙人飛来説　32／米軍ＵＦＯ調査資料から生まれた映画『未知との遭遇』　41／ＵＦＯ陰謀論としてのロズウェル事件　48／ネット時代のＵＦＯ神話　52／ナチスとＵＦＯ　55

第二章　ユリ・ゲラーと米ソ超能力戦争　60
旧ソ連の超能力研究　60／クラギーナの超能力実験フィルム　63／CIAによる超能力の実用化　67／激化する米ソ超能力戦争　69／ゲラー・ショックとは何か　72／ゲラーの密着取材　74／テレビでテレパシーを送る　77／矢追純一との出会い　80／その後のユリ・ゲラー　82／超能力映画『スキャナーズ』のリアリティ　84

第三章　四次元とピラミッド・パワー　90
大人も魅了したピラミッドの不思議な力　90／チェコで特許を取得したピラミッド・パワー　93／いまも続くピラミッド・パワーの人気　96／魔の三角海域バミューダ・トライアングル　98／時空を超えた!?　フィラデルフィア実験　102／四次元ですべての怪奇現象を解明できる　105／科学者たちも探究した四次元の謎　109

第四章　ネッシー捜索隊から深海巨大生物へ　114
世界は謎の生物たちであふれている！　114／生きた化石シーラカンスの衝撃　116／ネ

ッシー捜索隊、現る 119／イエティの体毛が発見された 123／逃げろツチノコ 128／ダイオウイカは海の怪物クラーケン 131／ダイオウイカを追え!! 135／深海生物が宇宙生物に近い理由 136／メガロドンは生きていた⁉ 139

第五章 心霊写真と日本の心霊研究の復興 146

恐怖の心霊写真集 146／心霊写真の歴史 149／コナン・ドイルの妖精写真 154／蘇った日本の心霊研究と妖怪 156／つのだじろう『うしろの百太郎』 160／コリン・ウィルソン『オカルト』 163／科学的心霊研究としてのスピリチュアリズム 165／『丹波哲郎の大霊界』 167／オカルト映画『エクソシスト』 170／ロックとサタニズム 173

第六章 日本沈没と失われた大陸伝説 178

『日本沈没』とオカルトブーム 178／小松左京がSF作品に込めた日本人論 182／ポスト3・11の『日本沈没』再評価 187／日本列島はムー大陸だった⁉ 189／プラトンに始まるアトランティス伝説 192／霊的進化の拠り所としての謎の大陸 194／大陸ブームの切り札「地球空洞説」 198／謎の大陸伝説は終わらない 201

第七章　ノストラダムスの大予言と人類滅亡　205
『ノストラダムスの大予言』の衝撃　205／世界の予言ブームと三大予言者　208／ノストラダムスとは何者か　211／世界のノストラダムスブーム　213／大予言第2弾と『ファティマ・第三の秘密』　215／日本の大予言ブームとオウム事件　218／９１１と21世紀のノストラダムスブーム　223／マヤの２０１２年人類滅亡説　226

エピローグ　２０２０年ネオトーキョー　231
『ＡＫＩＲＡ』の予言　231／オカルトとフェティシズム　234／21世紀のオカルト　236／魔術師の朝　239

あとがき　243
年表　245
主要参考文献　252

第一章　宇宙開発時代の空飛ぶ円盤

日本のオカルトブームの原体験

子供の頃、「宇宙人はいる」と信じていた。最初、それはサンタクロースを信じるような幼稚さだったかもしれないが、70年代のオカルトブームを体験した世代にとって、まずはテレビというもののインパクトが、子供時代の脳みそを直撃した。

昭和40年生まれの筆者の体験でいえば、宇宙人との最初の出会いは、『ウルトラマン』や『ウルトラセブン』といった特撮番組であった。それらはたびたび再放送されることで子供たちの心の中に侵入し、特に知性を持つ宇宙人が多数登場した『ウルトラセブン』の影響から、「空飛ぶ円盤（ＵＦＯ）は宇宙人の乗り物である」というはっきりとした認識がインプットされてしまった。

思えば筆者は、まだモノクロであった家庭用テレビの不鮮明な映像で『ウルトラセブン』を観て、怪音を発する円盤に見入り、夜の街に現れる宇宙人の姿に強烈なリアリティを感じ、恐怖した。お化けよりも恐い宇宙人、しばらくは夜道を歩けない子供になってしまったことはいうまでもない。そんな強烈な記憶を植え付けられた上に、もっとリアルな宇宙人を突きつけてきたのが、それに続くＵＦＯブームであったと記憶している。

まず、駆け足で日本のオカルトブームを一望するなら、１９７３年に発売された五島勉『ノストラダムスの大予言』（祥伝社）の大ヒットに始まり、翌年のユリ・ゲラー来日による超能力ブームの到来、海外オカルトの王道であるネッシー、ＵＦＯ、宇宙人のブームがそれに続き、同時期に日本古来のオカルトである心霊が復興し、79年のオカルト専門雑誌『ムー』（学研）の創刊までが、いわゆる社会現象というべき大きな流れといえる。

そんな一連のオカルトブームを支えたテレビ番組が、お馴染みの『木曜スペシャル』（日本テレビ系）である。

73年4月から始まったこの番組、ＵＦＯといえばもちろん、名物ディレクターである矢追純一にご登場を願いたいところだが、最初に彼が名を上げたのは、ユリ・ゲラー来日を始めとする超能力ブーム。トワイライト・ゾーンのテーマ曲に乗せて、ＵＦＯと宇宙人を盛んに紹介していくようになるのは、70年代末になってから。それでもUFOブームの原体験は、矢追の巧みな番組演出にあったことに異論はないだろう。

テレビで放映されたものは、フィクションであっても真実であるかのように意識の中に入ってくる。それも幾度も同じ画像をリピートして見せられれば、そのUFO映像を信じるばかりか、自分もUFOを見たり、さらには宇宙人と交信できるような気分になってくる。

もちろん、その当時、少年向け雑誌もこぞってオカルト特集を組んだ。たとえば、75年出版の中岡俊哉『空とぶ円盤と宇宙人』（小学館）を見ると、今まで目撃された100種以上の円盤一覧、地球に来た宇宙人や彼らと交信するコンタクティが並び、さらにはUFOをテレパシーで呼び寄せる方法までが紹介されている。もはや、ここではUFOの存在は自明のことであった。超能力とも地続きになっていた当時のオカルト事情では、UFOは呼ぶことが出来るものであり、さらに見ることができるのは、選ばれし者の特権であった。そういう意味では、宇宙人と交信できるコンタクティは、僕らの秘かな憧れの存在であったといえる。

あらゆるオカルト要素がごちゃ混ぜになった日本のブームは、UFOの発祥地アメリカでのブームとはかなり異質なものだった。

50年代のアメリカＵＦＯブーム

まず強調したいのは、アメリカに始まる一連のＵＦＯブームの最初のピークは１９５０年代であることだ。それに比べると、70年代に巻き起こる日本のブームは、20年もの大きな時間的ギャップがあった。

確かに１９５５年、荒井欣一が「日本空飛ぶ円盤研究会」を創立し、三島由紀夫や石原慎太郎らが加わって、日本最初のＵＦＯ研究が始まっている。また、もっと狂信的なＵＦＯ研究団体として「宇宙友好協会」（57年結成）というものもあった。しかし荒井は、戦中は日本陸軍航空隊でレーダー技師を務め、戦後は大蔵省（当時）に勤務するエリートで、研究会のメンバーをみれば、当時アメリカの最新のＵＦＯ情報を入手することができたのは、選ばれた人たちであったことがわかるだろう。

それに対して、日本で「ＵＦＯ（ユーフォー）」という言葉が定着するのは、１９７８年にピンク・レディーの「ＵＦＯ」が大ヒットし、「日清焼きそばＵ.Ｆ.Ｏ.」のＣＭ出演との相乗効果でＵＦＯが流行語となってから。日本のＵＦＯブームは、欧米とはかなり違ったものに変容して受け入れられていくことになるのである。

当時、ＵＦＯは海外文化であった。アメリカでＵＦＯブームが盛り上がった50年代、その頃の日本はいまだ敗戦の痛手にあり、それどころではなかったというべきだろう。１９５２年４月28日、サンフランシスコ講和条約が発効されて、やっとアメリカＧＨＱの占領から主権回復を果たしたところだったということを覚えておいてほしい。

１９４７年６月24日、アメリカでの最初の目撃例として、お馴染みのケネス・アーノルド事件が起こる。

ワシントン州レイニア山付近を自家用機で飛んでいた若き実業家のケネス・アーノルドが、高速で移動する９つの謎の物体を目撃した。彼は新聞記者の取材に対して、「飛行物体は、投げた皿が水面をはねるように飛んでいた」と表現したが、その言葉は「空飛ぶ円盤（フライング・ソーサー）」となって、全米の新聞各紙で報道された。その直後から、空飛ぶ円盤を目撃したという報告が相次ぐことになる。まさにそれがアメリカにおける社会現象としてのＵＦＯ騒動の始まりであり、メディアが「空飛ぶ円盤」という言葉を広めたことから、多くの人たちが空を眺め、そこに何か不思議な飛行物体を発見するよう

ケネス・アーノルド（“50 Jahre UFOs”）

になるのだ。

ちなみに、この6月24日は、いまでは「国際ＵＦＯ記念日」となっている。また、この同じ年、のちにＵＦＯ墜落＆宇宙人死体回収が大きく疑われることになる「ロズウェル事件」（48ページ参照）も起こっている。

ここで注意すべきなのは、当初、空飛ぶ円盤は宇宙から来たものというより、敵国の秘密兵器ではないかと考えられていたことである。空飛ぶ円盤が全米で話題となっていた真っ最中に、追い打ちをかけるように起こったのが、マンテル大尉事件だった。

１９４８年１月７日、目撃通報された謎の飛行物体をＦ51戦闘機で追跡していたマンテル大尉が行方不明となり、のちに機体は墜落して残骸となって発見されたのだ。空飛ぶ円盤の出現によって、ついに犠牲者まで出たのかと大きな騒ぎとなったのである。政府は、大尉が追跡したのは金星の見間違いであり、墜落は事故によるものであると発表したが、国民は納得しなかった。翌年、政府はさらにスカイフック気球の誤認であったと解釈を変更したことから、ますます不信感を煽《あお》る結果となり、不安は高まる一方だった。

そんなむず痒い状況に、元海兵隊員から航空ジャーナリストとなったドナルド・キーホーが一石を投じた。１９５０年、彼は『The Flying Saucers Are Real（空飛ぶ円盤は実在する)』を出版して、「空飛ぶ円盤は異星人の乗り物」であり、アメリカ政府はそのことを隠蔽しようとしていると書き立て、大反響を巻き起こすことになる。そして、52年7月19日および26日には、ワシントンDCで米空軍のレーダーに複数の飛行物体が確認されたばかりか、ホワイトハウス上空でも多数の飛行物体が複数の人たちによって目撃され、再び大きなニュースとなって、全米のUFO騒動はピークを迎えることになる。

米ソが冷戦に突入しつつあった時期でもあり、当初、敵国の秘密兵器の可能性も考えたアメリカ政府は、47年12月、米空軍内に専門調査機関「プロジェクト・サイン」を設立、その名前はのちに「プロジェクト・グラッジ」と変更され、52年3月から「プロジェクト・ブルーブック」と呼ばれるようになって、約1万2000件もの調査資料が作成されている。

ドナルド・キーホー『空飛ぶ円盤は実在する』

当初は空飛ぶ円盤という名称で広まった謎の飛行物体は、50年代初頭から、アメリカ空軍によって、「UFO（未確認飛行物体）」と呼ばれるようになっている。また、調査機関の名前がグラッジ（怨恨）と変更された頃から、敵国の秘密兵器の可能性は薄れ、国民の過剰な反応に対する懸念から、ＵＦＯを自然現象の見間違えなどとして説明する傾向が強くなっていく。

だが、ＵＦＯを調査する政府関係者の中にも肯定派と否定派が混在していたことが問題であった。なぜなら、ＵＦＯの目撃者の中には、軍関係者やプロのパイロット、レーダー技師などが含まれており、経験豊富な彼らが見間違いや偽証をするとは思われなかったのだ。さらに肯定派の中には、宇宙人の可能性をマスコミに公言する者まで現れていた。そのためアメリカ政府は、最終的な科学的検証を外部機関であるコロラド大学のエドワード・コンドンの研究チームに依頼している。その結果は、１９６９年に『コンドン報告（未確認飛行物体の科学的研究）』として出版されたが、そこではＵＦＯの存在は否定され、「これ以上の研究は科学的な進展に貢献するものではない」と宣言されたのだった。

69年は、アメリカがアポロ計画で人類を月に送ることに成功した年であり、一連のＵＦＯ騒動についても『コンドン報告』で政府の最終的な結論が下された形となった。だが、それでも宇宙人に誘拐されたと主張する人たちは急増し、後述する「ロズウェル事件」が発掘され、アメリカ政府がＵＦＯや宇宙人の存在を隠蔽しているのではないかという陰謀論が新たな論点となって再浮上することになるのだった。そのようなアメリカＵＦＯブームの一連の顛末については、カーティス・ピーブルズ『人類はなぜＵＦＯと遭遇するのか』（文春文庫／02年）に詳しい。

70年代になって、日本のテレビメディアは約20年間の遅れを取り戻すかのように、膨大なＵＦＯ情報を視聴者たちに浴びせるように報じていくことになる。そこでは、50年代にソ連の秘密兵器ではないかという疑いから巻き起こった全米規模のＵＦＯ騒動と、『コンドン報告』以降、宇宙人肯定派が展開した陰謀論的なＵＦＯ神話がごちゃ混ぜとなって、どっと押し寄せることになったのである。

コンタクティたちとＵＦＯ教

アメリカでＵＦＯ目撃が多発した50年代、宇宙人と直接会ったと主張するコンテクティと呼ばれる人たちが多数登場して、ますます事態を混乱させることになる。

その代表というべきジョージ・アダムスキーは、53年にデズモンド・レスリーとの共著『空飛ぶ円盤実見記』（高文社／54年）を出版して、一躍有名になった。その本で彼は、ケネス・アーノルド事件の１年前の１９４６年から空飛ぶ円盤をたびたび目撃していたと主張し、

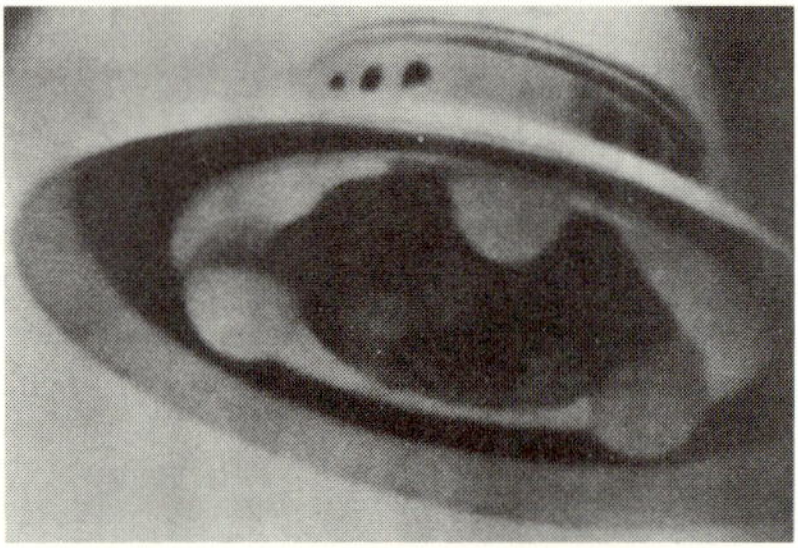
アダムスキー型 UFO（“50 Jahre UFOs”）

なんと52年11月20日には空飛ぶ円盤でやってきたオーソンという金星人と会見したとして、同年12月13日には鮮明なＵＦＯの写真撮影にも成功したとして、それを公表している。その円盤は、底部にある３つの半球が特徴的で、のちにアダムスキー型と呼ばれるようになり、同様のＵＦＯを目撃したという報告が相次いだことから、典型的なＵＦＯのイメージとして定着している。

アダムスキーは金星人とテレパシーでの交信を続け、人類平和のための宇宙哲学を授けられ、宇宙船に乗って月の裏側を訪ねたり、他の惑星に招かれて火星人や土星人らとも接触したりしたと語った。55年には、続編に当たる自著『空飛ぶ円盤同乗記』（高文社／57年）を出版し、前著とともども世界的なベストセラーとなっている。

日本でもアダムスキーの本は、すぐに邦訳が出版されたことから、50年代の日本のＵＦＯ熱に大きく影響したことだろう。当時からアダムスキーの奇想天外な話には批判も多かったが、もし、そのすべてが彼の創作であったとしても、その後のＵＦＯブームにある種の方向付けをしたことは確かである。

アダムスキーは１８９１年生まれ、若い頃から神秘主義や東洋思想に傾倒し、１９３０年代には「チベットの高貴な騎士団」という一種のカルト集団を率いたときもあった。１９４６年には『宇宙の先駆者』というＳＦ小説を（ゴーストライターに書かせて）発表しているが、その内容が『空飛ぶ円盤同乗記』と酷似していたことも指摘されている。53年、アメリカ空軍のＵＦＯ調査機関ブルーブックを指揮したルッペルト大尉は、パルマーガーデンにアダムスキーが営むレストランを訪ね、私服で彼の講演に参加して、「彼は優れた詐欺師で、有名な興行師のＰ・Ｔ・バーナム（19世紀のアメリカで奇抜なサーカスや見世物業で成功した）に似ている」と評した。アポロ計画以降、太陽系の他の惑星に人間と同じような宇宙人がいる可能性は否定されたため、アダムスキーの著作は、彼の信者以外には顧みられなくなっている。

ジョージ・アダムスキー（左）（“Aliens”）

70年代には、ビリー・マイヤーが、スイスの田園風景をバックにカラーのＵＦＯ映像を多く撮影して、アダムスキーに次ぐコンタクティとして名を上げている。それらの映像はのちに信憑性が疑われたが、マイヤーもまたアダムスキーに似て、人を惹き付ける能力に長けており、多くの信奉者を集めたのではないかといわれている。

2003年にクローン人間を作ったと発表して話題となった「ラエリアン・ムーブメント」も、その教祖であるフランス人のクロード・ボリロン〝ラエル〟は、1973年に宇宙人と接触して、知恵を授けられたと称するコンタクティである。

総じてコンタクティを自称する人たちは、高次の存在としての宇宙人たちと接触したとして、〝UFO教〟とでもいうべきカルト的な世界を作り上げてきた。そのことが、UFOが怪しいものであるという印象を与える一因となってきたのだろう。

それでも50年代のアメリカで、軍関係者を始め、一般の多くの人たちがUFOを目撃したと主張していたのは事実であり、それが何かの見間違えであったとしても、その不思議な体験について人々が戸惑っていたのは確かである。それはいったい何だったのだろうか?

2つの世界大戦を経て、核戦争による人類滅亡の可能性さえも叫ばれていた米ソ冷戦下にあって、アメリカ空軍はUFO調査機関を置き、マスコミは宇宙人飛来の可能性や政府陰謀説を広め、そんな風潮に便乗するようにコンタクティたちがカルト的なムーブメントを起こしていた。そこには、米ソ核戦争への不安もあっただろう。また、新聞やテレビといったマスメディアが急速に発達する時代にあって、連日のＵＦＯのニュースにアメリカ国民が大きく影響されてしまった部分はあっただろう。

現代の神話としてのＵＦＯ

50年代のＵＦＯ騒動について、さらに特筆しておくべき事項があるとすれば、精神分析の大家であるカール・グスタフ・ユングが、『空飛ぶ円盤（現代の神話――空中に見られる物体について）』（朝日出版社、のちにちくま学芸文庫／76年）を刊行したことである。

ユングといえば、精神分析の祖フロイトの弟子で、当時すでに80歳を超えており、それが生前最後の著書となった。１９５８年（英語版は59年刊）に緊急出版されたことからも、当時のＵＦＯ騒動が、大手マスコミや知識人も巻き込んだ論争となっていたことを理解してもらえるのではないだろうか。

この著書の中でユングは、ＵＦＯ事件の発端といわれるケネス・アーノルド事件よりも遡り、第二次大戦の終わり頃にスウェーデン上空に見られた不思議な飛行物体「ゴーストロケット」や、連合軍ばかりかドイツ軍にも目撃された火の玉のような飛来物「フーファイター」についても言及している。また、第二次大戦勃発直前の１９３８年、Ｈ・Ｇ・ウェルズの『宇宙戦争』をラジオドラマ化したオーソン・ウェルズが、あまりにも臨場感あふれる演出で火星人襲来をニュース調に語ったため、それを信じた視聴者たちがパニックに陥ったことにも触れ、ＵＦＯ現象が戦争への不安に起因していることを示唆している。ユング自身、ＵＦＯが実在する／しないという問題には立ち入らないと明言した上で、人間の内面における妄想が現実へ投影されることで、ある種の現象が引き起こされるのではないかという持論を展開している。

16 世紀のバーゼルの円盤（"UFO evidence.org"）

またユングは、現代のＵＦＯ現象との共通性を夢の記録や絵画作品、歴史の中に探し、１５６６年のバーゼルの円盤とされる事例もあげている。

さらに、ＵＦＯ現象とは、人は自分が思うもの、信じるものを見てしまうという認識の問題でもあり、極論をいえば、人間の頭の中の妄想が現実的な現象と符合してしまうこともあるかもしれないとしている。そのような考え方は、物理学者のパウリとユングの共著で、偶然の一致を量子論的に説明しようとした意欲作『自然現象と心の構造』（原書52年、海鳴社／76年）にも通じるもので、「シンクロニシティ（共時性）」と呼ばれる現象である。いわゆる超常現象を、シンクロニシティのアイデアも持ち込んで説明しようという試みは、現代においてもみられる手法であり、あらためてユングの先見性に唸らされるのだ。

ところで、日本でも、１９７２年に不思議なＵＦＯ事件が起こっている。高知県介良《けら》村で高さ約10センチ、直径20センチほどの銀色のミニＵＦＯが、光を放って浮いているのが目撃された。数日後、同じものを道で見つけて捕獲を試みるが何度も逃げられ、それでも中学生９人、大人２人がその実物を確認した。事件後すぐに地元のＵＦＯ研究家が記録を残し、原寸の再現模型も作られたが、いま振り返ってもまったく説明のつかない謎の事件とされている。

江戸時代に記録が残る「うつろ舟」

また江戸時代後期の享和3年（１８０３年）、常陸国（茨城県）の海岸に「うつろ舟」と呼ばれる円盤に似た乗り物が漂着し、その中から箱を持った謎の美女が現れたという記録がある。当時のかわら版に絵入りのものが残っており、ここでは、ＵＦＯがフォークロア（民間伝承）であるような印象を与えている。ユングがいわんとするＵＦＯ現象、あるいは現代の神話というニュアンスにも通じるものかもしれない。

あらためて、ＵＦＯは日本においては海外文化であった。だからこそ、介良事件のような日本でのＵＦＯ目撃事件は、どこか幽霊に似た実体の無さを伴っているのではないだろうか。そしてＵＦＯというものは、日本に輸入される過程で独自の変異を遂げ、幽霊に似た実体のはっきりしない存在として漠然と信じられ続けてきたし、いまもそうではないだろうか。そしてそれは、宇宙人にもいえることのように思えるのだ。

デニケンの古代宇宙人飛来説

子供の頃、テレビで初めてナスカの地上絵を見たときは本当に驚いた。はるか上空から見て、やっと何が描かれているかわかるような巨大な絵を、古代人がどうやって描くことができたのだろうか？　なぜ、そんな絵を描く必要があったのだろうか？　子供ながらに、次々に疑問が湧いて止まらなかった。

また、ロンドン郊外にあるストーンヘンジを知ったときには、粗雑な巨石の組み合わせが日食などを観測する天体台であるという説明に、大いに関心をそそられたものだ。なぜ、古代人がそんなものを作ったのだろうか？　さらに南米のマヤ文明の遺跡には、エジプトのピラミッドにも似た巨大建築物がいくつも残っている。地理的にも非常に隔てられた土地で、なぜ、類似した巨大建造物が作れたのだろうか？

古代文明は謎に満ちている。それもテレビからの限られた情報だけを頼りに想像を膨らませていくと、ますます不思議な気持ちになってしまう。実際、それらは現代の科学で再現しようとしても、そう簡単にできるものではない。そんなものを古代人が作っていたという事実がすごいのだ。

思えば、筆者のような昭和40年代生まれは、子供時代からテレビや雑誌によって届けられる世界中の不思議な事件や怪奇現象に散々まみれてきた。それでも、多くは誰かの証言や不鮮明な画像、伝聞や脚色を交えたもので、信じるか、信じないかという二者択一を迫られるばかり。それ以上なかなか確かめようがないものが多かった。しかし、古代文明に関するものは、その根拠となる遺跡や物証は実在するもので、その確からしさが特別な説得力を持って僕らを魅了した。

そんな僕らが抱く古代文明への疑問を宇宙人と結びつけて、一挙に解決してしまおうとしたのが、エーリッヒ・フォン・デニケンであった。彼は、もともとスイスでホテルの支配人を務めていたが、アマチュアの古代文明研究が高じて、1968年に『未来の記憶』（早川書房、のちに角川文庫／69年）という本を出版して、世界的なベストセラーとなった。彼はその中で、古代に宇宙人が訪れ、人類に文明を授けたと主張したのだ。

デニケン『未来の記憶』

　彼の素晴らしさは、その仮説が正しいかどうかよりも、古代文明といえばエジプトのピラミッドくらいしか知らなかった僕らに、世界中にある様々な古代文明の情報をもたらしてくれたことにあった。デニケンのお陰で、あらゆる古代文明が、宇宙人存在の物証として再発見され、オカルティックな輝きに満ちたものになったのだ。

　デニケンの『未来の記憶』をあらためて読むと、確かに突っ込みどころ満載であるが、冒頭の「この本を書くには勇気が要った」という言葉から彼の自信が感じられ、好感が持てる。科学者や考古学者の保守的な態度に対して攻撃的な姿勢を貫くのは、アマチュアならではだが、そこがまた面白い。

　最初の原稿ができたとき、デニケンは作家としては素人であったため、いくつもの出版社に断られ、友人からはプロの監修をつけて発表することを勧められたという。結局、編集を担当したウイルヘルム・ロッガースドルフ（映画脚本家として知られるウッツ・ウターマン）がリライトし、初版6000部で出版されたが、瞬く間に話題の書となり、ドイツ語の書籍では珍しく各国語に翻訳され世界的な大ベストセラーとなった。

当時は、アポロが月を目指していた真っ最中で、そんな宇宙時代の到来の気運と相まって、過去と未来を結び合わせたスケールの大きさがヒットにつながったのだろう。実際、人類が宇宙に出て行くようになったからこそ、過去に宇宙人が地球を訪れたのかもしれないと一般読者が想像できるようになったのだ。宇宙の天体の膨大な数を考えれば、その中に知的生命体が存在する可能性は充分にある。誰が、過去に宇宙人が地球に来てはいないと断言できるであろうか。

そして次々に、世界中にある宇宙人の遺跡と思われる実例が列挙されていくことになる。ここでもデニケンのスピードがまったく鈍らないのは、彼自身が現地に赴いているからだろう。1970年には、この著作の映画版『Chariots of the Gods』（邦題『宇宙人は地球にいた』74年公開）も作られている。

ナスカの地上絵は、南米ペルーのアンデス山脈と太平洋に挟まれた約60キロに及ぶ広大な

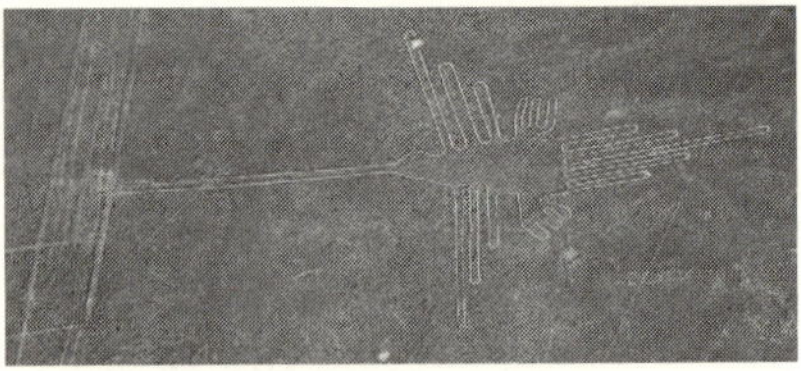
ナスカの地上絵（Nazca_colibri）

ナスカ台地にある。乾燥地帯で植物は生えず、日光で赤く酸化した細かい石が敷き詰められた大地を一段深く掘って、黄白色の土砂を露出させることで描かれている。有名なハチドリで全長96メートル、その他、コンドル、イグアナ、シャチ、サル、クモのような動物、植物、幾何学模様のほか、さらに数キロに及ぶ膨大な数の直線がある。

動植物の地上絵は、上空からみて初めて認識できるもので、１９３９年、考古学者のポール・コソックが飛行機から発見した。その後、彼のアシスタントであったマリア・ライヒェが研究と保護に尽力し、１９９４年にユネスコの世界遺産に登録されている。作画技法については拡大法などが考えられている。もちろんデニケンは、宇宙人のための滑走路以外には考えられないと断言する。

イースター島は、ポリネシア諸島の東端、南米チリから３８００キロも離れている絶海の孤島。周囲58キロ、佐渡島の４分の１の広さに、大きさ約３～５メートル、重さ数十トンの巨大なモアイ像が多数鎮座している。その数は１０００体近いといわれるが、ほとんどは崩壊して岩塊となっているか、作りかけのまま石切り場に残された。最大20メートル、重さ90

トンのものもある。

１９４７年、冒険家で考古学者のトール・ヘイエルダールが、インカ時代の船を模したコンティキ号でペルーからイースター島に渡り、インカ帝国の巨石文化が伝播したことを体験的に立証した。歴史的な調査から現在では、10世紀頃にモアイ作りが始まるも、島民同士の争いにより西洋人と接触する18世紀以前に文化そのものが滅んでしまったとされる。それでも、海岸線にずらりと並んだモアイ像の強烈な存在感には圧倒されずにはおれない。デニケンは、この巨石像を誰がどうやって運んだのかと捲《まく》し立て、古代宇宙人飛来説の有力な証拠ではないかとした。

イースター島（Moai at Rano Rakaku, Easter Island）

ピリ・レイスの地図とは、１９２９年、イスタンブールのトプカプ宮殿で発見された、かつてのオスマン帝国海軍ピリ・レイス提監が作成したとされる、羊皮紙に描かれた２枚の地図のことである。そのうちの１枚は１５１３年作成とあるが、アメリカ大陸や南極大陸が詳細に記載されているともいう。地図にみられる海岸線の微妙な歪みについて、地図研究家アーリントン・マラリーは、エジプトのカイロ上空から撮影したときの地形と一致しているという驚きの発表をしている。

また、地図にある南極大陸については、地球物理学者チャールズ・ハプグッドが、氷に覆われる以前のずっと古い地図の写しであろうと主張したことから、現在も議論が続いている。この地図は、超高空を飛ぶ飛行機もしくは宇宙船によって作成されたものだろうと、デニケンは諸手を上げて絶賛する。

デニケンの勢いはまだ続く。メキシコのパレンケの遺跡に残された浮き彫りは、宇宙飛行士が宇宙船を操縦しているところのようにみえないか。サハラのタッシリ・ナジェールにある高さ6メートルの岩壁画「マルス神」は、宇宙ヘルメットを被っているようではないか。青森県亀ヶ岡遺跡から出土した遮光器土偶は、宇宙服を着た宇宙人以外のなんであろうかという。確かに、そう見えなくもない。だが、世界中から実例をかき集め、まるで人類は宇宙人の助けなしでは文明を築くことができなかったといわんばかりだ。科学者や考古学者からの厳しい批判は、そんなデニケンの論証の幼稚さに向けられてきた。

それでも、古代文明の中に宇宙人や宇宙船を探すのは、子供にでもわかる明解さをもっていたのは確かだ。だからこそ、デニケンが世界的に広く受け入れられたともいえる。デニケンの著作シリーズは、世界の32カ国語で累計6300万部ものセールスを記録しているという。

その後もデニケンの人気は衰えず、2003年には彼の著作をもとにしたテーマパーク「Jungfrau Park」がスイスのインターラーケンに作られている。またデニケンのアイデアは、90年代には、イギリスの作家グラハム・ハンコックの『神々の指紋』に焼き直され、リドリー・スコットの映画『プロメテウス』（2012年）にも大きく影響している。現在は、中国で再びデニケンのテーマパーク建設が進んでいるとも噂されている。

ここでもう少し、当時の古代文明ブームについて振り返ってみよう。

日本においては、昭和40年に東京、大阪、京都を巡回した「ツタンカーメン展」から始まったといわれる。現在ではエジプト国外持ち出し禁止となっている黄金のマスクが日本国内で公開されたのは、このとき限りだったという。その評判ゆえか、数年後には早稲田大学がエジプト探検に乗り出し、そのメンバーとなった吉村作治は、いまやエジプト学の権威となっている。

ここで注目すべきは、日本の古代史ブームだろう。戦争中は天皇中心の歴史しか許されなかったために、戦後になって、忘れられていた魏志倭人伝が蘇ったのだ。そこにのみ記述が残されている邪馬台国については、松本清張が『古代史疑』（中央公論社／68年）でその謎を深く掘り下げた。さらに芸術家の岡本太郎は「四次元との対話　縄文土器論」（雑誌『みすず』掲載／52年）を発表し、縄文ブームの火付け役となった。縄文文化は、いまや日本美術史の最初のページを飾るものとなっている。

一方、世界に目を転じれば、１９４０年に発見されたラスコー洞窟の壁画が戦後になって人気を得て、先史時代にも優れた芸術があったことが欧米社会でも受け入れられるようになった。これは2つの世界大戦で疲弊した欧米人の心を癒すことにもなった。さらに、世界各地で知られざる古代文明の遺跡の発掘が進み、なぜ多くの古代文明が滅んでしまったのか、という視点からも古代史が顧みられるようになった。

世界的なオカルトブームが吹き荒れた70年代、物質文明批判や公害問題、ベトナム戦争反対運動などが巻き起こり、米ソ冷戦下で第三次世界大戦勃発による人類滅亡さえも危惧されていた。古代に飛来したであろうＵＦＯが、現代に再び見られるようになったのは、人類が直面する危機を警告し、新たな叡智を授けに来たのではないか、とも考えられたのだった。

そういう意味では、デニケンの古代宇宙人飛来説は、人類の歴史そのものに、オカルティックな視点から大きな転換を迫ったものであった。デニケンのお陰で、ともすると朽ち果て忘れ去られてしまうかもしれない古代文明を宇宙人の遺跡として再発見することができたし、オカルティックな審美眼が鍛えられ、あらゆる世界の謎に対して僕らは心を開き、様々な想像力を巡らせることができるようになったのではないだろうか。

米軍ＵＦＯ調査資料から生まれた映画『未知との遭遇』

70年代、日本におけるＵＦＯと呼ばれるようになるちょっと前まで、「僕も見たことあるよ」と言いたくなるような、現実と虚構の狭間に存在する幽霊にも似た神秘的な存在であった。夜空に不思議な色の光を放って飛ぶ物体、それは突然現れたかと思ったら、突然消え、独特な飛び方をして僕らを驚かせる。そして世界には、そんな不思議な物体を自由自在に呼び寄せたりできる人がいるものだと信じていた。だが70年代半ば、日本でもＵＦＯが社会現象的なブームになると、それは宇宙人の乗り物という実体を持った存在となって僕らの前に現れたのだ。

78年、映画『未知との遭遇』（米公開77年）が日本公開されたとき、実際にＵＦＯに乗った宇宙人と接触することを意味する「第三種接近遭遇」という言葉は、強烈なリアリティを持って迫ってきた。「宇宙にいるのは我々だけではない」というフレーズは、まるで宇宙人の存在が自明のことであるかのようだった。

　そして、そのような衝撃の「第三種接近遭遇」は、実際に起こっているとされていた。その事例としては、ベティ＆バーニー・ヒル夫妻誘拐事件が有名である。

　１９６１年9月19日の深夜、彼らはカナダでの休暇を終え、車で自宅に戻る途中にＵＦＯを目撃したが、途中で記憶が途切れてしまった。その後、悪夢にうなされる日々が続いたため、妻のベティは、民間ＵＦＯ調査機関ＮＩＣＡＰ（全米空中現象調査委員会）を主宰するドナルド・キーホーに手紙を書き、翌月、キーホーの調査機関のメンバーによる調査を受けることになった。そのとき、ヒル夫妻には約2時間の空白の時間があることが判明する。

ベティ＆バーニー・ヒル夫妻
(“Aliens”)

　事件から2年後の１９６３年の暮れからは、2人は、記憶喪失症の権威ベンジャミン・サイモン博士の催眠治療を6カ月間にわたって受けた。セッションは別々の部屋で行われたが、その内容は細部まで一致していた。逆行催眠でベティが語ったのは、宇宙人に誘拐され、宇宙船の中でへそから針を挿入されるなどの身体検査をされた上に、記憶を消されて戻されたというものであった。サイモン博士は、彼らの話がすべて真実であるとは受け止めなかったが、誘拐されたときの状況についてあまりにも詳細に語られたことについては、驚きを隠せなかったという。

１９６６年、ヒル夫妻事件は、ジョン・フラーの著書『宇宙誘拐　消された時間』（角川文庫／82年）がベストセラーとなることで、世界的に有名になった。この事件は、それまでのＵＦＯ目撃事件とはまったく異なる、宇宙人によるアブダクション（誘拐）という「第三種接近遭遇」の貴重な実例であった。また、ヒル夫妻を誘拐したとされる宇宙人の外見は、小柄でのっぺりとしたグレイ・タイプといわれるヒューマノイドに似ており、70年代後半から急増する宇宙人によるアブダクションの原型となり得るものであった。ちなみにヒル夫妻は、当時としては珍しい白人女性と黒人男性の夫婦であったことも記しておこう。

50年代初頭から、ジョージ・アダムスキーらのコンタクティが、宇宙人とテレパシーで交信したり、ＵＦＯの写真撮影や宇宙人との接触に成功したと主張していた。だが、真摯なＵＦＯ研究家たちは、コンタクティたちが語る宇宙哲学やＵＦＯ教のたぐいには距離を取ってきた。ブルーブックの初代長官ルッペルト大尉が述べていたとおり、コンタクティたちは、ある種のカルトであった。だが、ヒル夫妻のアブダクションにはそれらとはまったく異なる純朴さがあった。そしてその事件は、「第三種接近遭遇」という言葉を発案し、映画『未知との遭遇』のアドバイザーを務めたUFO研究者アレン・ハイネックがその実例として認めたものだったのだ。

ここではハイネックについてみていこう。彼は天文学者として、1947年、アメリカ空軍によるUFO調査機関の顧問となり、52年から始まる「プロジェクト・ブルーブック」では、当初のUFO否定派であった立場から脱し、「UFOは宇宙人の乗り物である」ということを否定しない穏健な立場を守った。先でみてきたように、50年代のアメリカではUFO目撃の報告例が急増し、政府はUFOに関する科学的な究明よりも、UFO問題が引き起こす社会的な不安を危惧するようになっていた。

とはいえハイネックを含め、専門家であれば、実際にUFO調査に携わると科学的に説明できない事例をいくつも取り扱うことになる。事務的に証拠不十分なものは切り捨てるのか、あるいは、科学的な好奇心から詳細な記録を残し、その判断を将来に委ねるのか。ハイネックは、後者の立場こそ科学者として正しい方法であるとして、「プロジェクト・ブルーブック」の1万2000件の調査資料作成に尽力したのだ。

だが、1950年出版の『空飛ぶ円盤は実在する』でドナルド・キーホーが指摘していたように、アメリカ空軍のUFO調査機関の関係者は、UFO肯定派と否定派、さらに懐疑派の3派に分かれており、調査機関の名前が47年発足時の「プロジェクト・サイン」から「グラッジ」、そして「ブルーブック」へと変遷していったのは、否定派の発言力が強くなってきたことに他ならなかった。キーホーは、元海兵隊員の航空ジャーナリストならではの軍関係者のコネクションを駆使して、アメリカ政府は「UFOは宇宙人の乗り物である」という事実を知っていながら隠そうとしているのではないかと暴き立てたのだ。ハイネックはUFO調査機関の顧問として、さすがにキーホーほどの極論に加担することはなかったが、頭ごなしにUFOを否定する否定派の態度が気に入らなかったのだ。しかしハイネックの努力にもかかわらず、政府は、コロラド大学の物理学者エドワード・コンドンの研究委員会に、第3機関としてブルーブック調査資料の最終判断を委託することで、UFO調査についての幕引きを図った。つまり、ハイネックが顧問を務めていたUFO調査機関「ブルーブック」は閉鎖されることになる。事実上、ハイネックの敗北であるともいえる。

69年、『コンドン報告（未確認飛行物体の科学的研究）』が発表されるが、ハイネックはその報告書を「お粗末なもの」として一蹴し、独自のUFO研究を続けた。1973年、ハイネックは民間機関CUFOS（UFO研究センター）を設立し、その後の人生をUFO研究に捧げることになる。こうみてくると、ハイネックにおける『未知との遭遇』は、米軍UFO調査機関で辛酸を舐めさせられたことへの報復であった。

ちなみにドナルド・キーホーは、56年に民間のUFOグループの統合によるNICAPの立ち上げにかかわり、翌年には会長となった。彼の団体は、政府にUFOの機密情報の公開を求め、66年にはアメリカ議会での公聴会を実現している。また、アメリカの民間調査機関としては、52年結成のAPRO（空中現象調査委員会）があった。『コンドン報告』で幕切れとなるはずであったUFO調査は、米政府の陰謀を疑う者や元関係者たちを巻き込んで、民間レベルで継続されることになっていくのである。

1972年、アレン・ハイネックは『第三種接近遭遇』（大陸書房のちに角川文庫／78年）を著してUFO調査を分類整理し、数々の実例を丁寧に解説している。この本は、『コンドン報告』に不満を持ったハイネックが、自身の見解に沿って、ブルーブックの資料から、あらためてUFO問題に挑んだものであった。同時に、『未知との遭遇』のネタ本にもなったのだ。

ハイネックは主にUFO目撃事件に焦点を絞って、それらを「夜間発光体」「日中円盤体」「レーダー・目視同時報告」「第一種接近遭遇（近距離での目撃）」「第二種接近遭遇（測定可能な物理的影響）」の5つに分類している。そこにさらに「第三種接近遭遇（搭乗者との接触）」を加え、「過去二十年以上にわたる研究の中で、私はこのカテゴリーに属する事件にはあまり、直接タッチしてこなかった」としながらも、ヒル夫妻事件に触れ、ヒューマノイド事件がこの問題のすべての鍵だということを決して忘れてはなるまいとまとめている。

『未知との遭遇』以降、グレイタイプの宇宙人によるアブダクションの報告が急増し、のちに述べるロズウェル事件の一連のストーリーが出来上がっていったのではないかという指摘はある。だが、あらためて強調しておきたいのは、『未知との遭遇』のいい知れぬリアリティは、ハイネックが米空軍のＵＦＯ調査機関に長年かかわった成果であったということだ。そこには、50年代以来のアメリカのＵＦＯ騒動のすべてが集約されているといってもいいだろう。

『未知との遭遇　ファイナルカット版』発売中￥1,410（税抜）発売・販売元：ソニー・ピクチャーズ エンタテインメント

　その映画で描き出されたのは、アメリカ政府が秘密裏に宇宙人との接触に成功するというストーリーであった。主人公は街の電気工として働く大人になれきれない男性

で、ＵＦＯを目撃したために家庭生活はメチャクチャになるが、最後には、選ばれた人としてＵＦＯに搭乗して宇宙に旅立つのだ。まさに、当時のアメリカのＵＦＯマニアたちが夢にみたハッピーエンドといえるのではないだろうか。それこそが、ＵＦＯ肯定派における完全なる勝利なのだろう。

ＵＦＯ陰謀論としてのロズウェル事件

アメリカ政府が国民に何かを隠しているのではないかという疑惑は、63年のケネディ大統領暗殺事件が未解決のままであったことからくすぶっていた。72年にウォーターゲート事件で、ニクソン大統領がＣＩＡを個人的に用いて対立候補の盗聴を行わせていた事実が暴露されると、政府に対する不信が爆発した。同様のいらだちは、宇宙人の存在を確信していたＵＦＯ研究者たちにもあった。

そんなときに発掘されることになったのが、ロズウェル事件だった。

１９４７年、６月24日に最初のＵＦＯ目撃とされるケネス・アーノルド事件が起こったのと同じ年、７月８日付の『ロズウェル・デイリー・レコード』紙に、「ＲＡＡＦ（ロズウェル陸軍飛行場）が、ロズウェルの牧場に墜落した空飛ぶ円盤を回収」という記事が掲載された。ニューメキシコ州ロズウェルの陸軍航空隊が、空飛ぶ円盤の残骸を回収したと発表したのだ。だが、この発表は翌日、それは気象観測用の気球に過ぎなかったと訂正され、長く忘れ去られることになる。

ところが78年、UFO研究家のスタントン・フリードマンがロズウェルで落下物の回収を担当したジェシー・マーセル少佐の証言を公表し、翌年、アメリカのテレビドキュメンタリー番組『UFOs Are Real』で取り上げられた。80年には、チャールズ・バーリッツとウイリアム・ムーアによって、『謎のロズウェル事件』（徳間書店／81年）として出版され、マーセル少佐の証言を補うように次々に証言者が続出し、UFOの残骸ばかりか、グレイといわれる宇宙人の死体までもが回収されたといわれた。

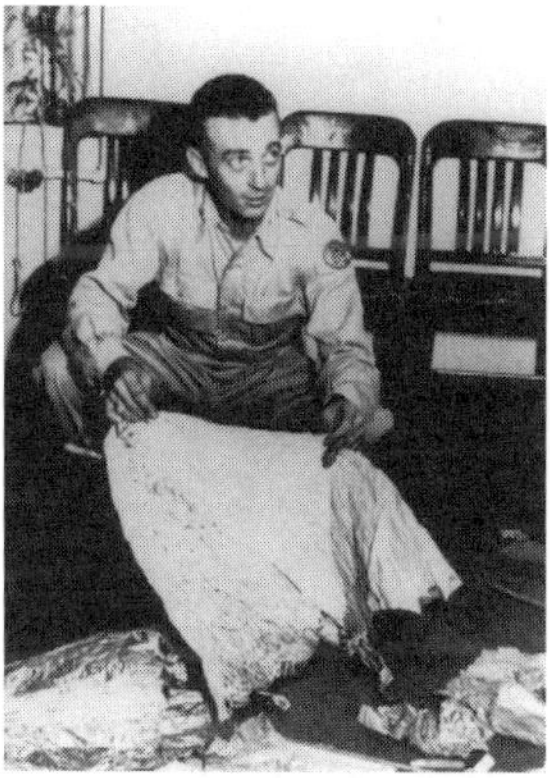

マーセル少佐と謎の回収物
(“Beyond Rosewell”)

87年には、機密文書MJ-12（マジェスティックトゥエルブ）がアメリカのTVプロデューサーのもとに匿名で届けられ、ネバダ州の米軍基地エリア51では、米軍が極秘のUFO研究をしているのではないかといわれるようになる。

冷戦後、エリア51ではステルス戦闘機などが研究されていたことがわかっている。また、MJ‐12はいまではねつ造であろうとされ、1995年には「宇宙人解剖フィルム」（日本テレビ系／96年放映）といわれるものまで現れたが、それはフィルムをテレビ局に持ち込んだレイ・サンティリによる創作であった。

それでも、1947年にロズウェルに何かが落下したのは事実であった。その残骸は何であったのか？　1994年、アメリカ空軍によるロズウェル事件再調査の報告書『ロズウェル・リポート』が出版された。調査の担当者リチャード・ウィーバーは、ロズウェルに墜落したのは、当時、軍事機密であったモーガル気球であろうと語っている。

この気球は、ソ連の核実験の爆発音を高性能の音響センサーで感知しようというもので、47年時点では軍事機密であった。モーガル気球は、四角いレーダー反射板の枠組みが細長くたくさん連なった特殊な形のもので、担当部署以外には機密扱いであったために、情報が錯綜したのだとされた。

また、それとは別にアメリカ会計検査院が、ロズウェル事件に関して、円盤の回収や宇宙人の死体回収などに国家予算の会計調査から特別な予算が割り当てられていなかったのか調べたが、その証拠となるものはみつけられなかった。

アメリカでロズウェル事件が発掘された頃、日本では、70年代のオカルトブームを経て、やっとＵＦＯという言葉が一般化したところであった。宇宙人はいるのか、いないのかという議論がまだ続いていた頃に、アメリカでは宇宙人の存在は自明なこととして、政府による隠蔽が問題となり、ひとつの壮大な陰謀論的なＵＦＯストーリーが作り上げられていたのだ。「宇宙人なんて、いるわけないじゃないか」と、からかい気味に話していた人に限って、ひとたびロズウェル事件や機密文書ＭＪ－12などの一連のＵＦＯストーリーに取り憑《つ》かれると、すっかりハマってしまうものだった。

そんな陰謀論的なＵＦＯストーリーは、ＵＦＯの事件をマスメディアが大々的に報じていた70年代より、その存在がメディアに疑問視されるようになった80年代にこそ、秘かに人々の心をつかんでいく。日本を代表するＵＦＯディレクターである矢追純一が、長年勤めた日本テレビから独立するのが86年。その後、矢追はロズウェル事件やＭＪ－12についての陰謀論的なＵＦＯ特番を連発して、昭和最後のオカルトブームを仕掛けることになる。そんな陰謀論的なＵＦＯストーリーは、ハマった人には抜けられない独特の魅力を持って、多くのオカルトファンを酔わせてきたのだ。

それでも宇宙人は実在する。オカルトブームを体験してきた世代にとって、いまもその気持ちを持ち続けている人は多いだろう。実際、ＵＦＯや宇宙人との出会いは、僕らの異文化や特異な出来事に対する免疫耐性を大いに高めてくれたと思うのだ。

ネット時代のUFO神話

ロズウェル事件などの一連のUFO神話は、米ソ冷戦下の核戦争の恐怖から生まれ出たのではないかといわれている。欧米諸国の不安の原因となっていた共産圏の鉄のカーテンが、91年のソ連崩壊や東欧の自由化によって崩れると、アメリカ政府も機密扱いだった資料を公開するようになり、UFO神話についての謎解きが進んできたことは、いままでみてきたとおりである。

90年代後半、ネット時代に突入して、人々の心を捉えたのは、UFOや宇宙人の問題以前に、人類は月に行っていないという宇宙開発そのものが欺瞞《ぎまん》であったという陰謀論であった。この話は77年の映画『カプリコン・1』でも描かれており、新しいものではなかったが、日本では04年に、政治評論家として知られる副島隆彦が『人類の月面着陸は無かったろう論』（徳間書店）を著して、人類の月面着陸捏造についての議論を一気に沸騰させた。

この本は、05年に日本トンデモ本大賞を受賞、さらに11年には、過去20年間に大賞を受賞したものの中でもベストワンとして、日本トンデモ本大賞「ベスト・オブ・ベスト」を受賞しているほどの破壊力を持っていた。たとえば、宇宙開発のベンチャー企業への投資を推進しようとしているホリエモンこと堀江貴文が、日本の若い世代が人類の月面着陸を疑っているため、投資が拡大しないと嘆いていたが、それこそがネット時代の現実認識であろう。

副島の議論が突っ込みどころ満載であることは、『と学会レポート　人類の月面着陸はあったんだ論』（楽工社／05年）で指摘されている。だが副島自身は、この問題は言論闘争であると主張しており、ＮＡＳＡやアポロ肯定派が副島の疑問に対して明確な解答を示さない限り、決着しないと断言している。

実際、各国の宇宙開発はどれも軍事的な目論見を含んでいることは自明のことである。アメリカでさえ、アポロ計画やその後の宇宙開発計画の過程で、監視衛星の打ち上げなどを押し進めてきた。そういう意味では、アポロ計画についてもＮＡＳＡが決して明かすことのできない極秘事項があって然るべきだろう。

さて、『未知との遭遇』に登場するグレイタイプに替わって、宇宙人肯定派に近年、人気が高いのが爬虫類型異星人レプティリアンである。その提唱者であるデーヴィッド・アイクは、１９５２年イギリス生まれ、プロのサッカー選手を経てスポーツキャスターとなり、一時は「緑の党」に入党してスポークスマンを務めるなど、一貫して目立った存在であった。

彼がオカルティックな世界の伝道者となるのは、90年にスピリチュアルなものとの出合いを経て、91年にペルーのシリスタニ遺跡を訪ねたときに、大きな霊感を受けたことからという。99年には著書『大いなる秘密』で、人類が爬虫類型異星人レプティリアンに支配されていると公表することになる。そこでは有史以前に、火星を経て地球に移住してきた彼らが、奴隷にする目的で人類を生み出し、現在も低層四次元（＝アストラル界）という非物質的領域から僕らを操作していると主張している。

アイクによるレプティリアンのストーリーは、非常に奇想天外なものであるが、ネット上に散乱する「イルミナティ」や「新世界秩序（ニューワールドオーダー＝NWO）」といった陰謀論を飲み込んで、一部の熱狂的な支持者を生み出している。大田俊寛はアイクのレプティリアンについて『現代オカルトの根源』（ちくま新書／13年）で、デニケンの古代宇宙人飛来説とアトランティス大陸伝説が接ぎ木され、ナチスがユダヤ人迫害の根拠としたといわれる偽書『シオン賢者の議定書』の逆説的な解釈で、被害妄想的な負のエネルギーを結晶化させていると評している。

そこでは、不可視な存在となったレプティリアンが人間たちに取り入り、陰謀という形で人類の歴史にかかわり、常に僕らを脅かしているというのだ。つまり、誰もがレプティリアンの手先になり得るのだ。

世界の有名人や政治家が次々にレプティリアンに操られていると指摘していく単調さには、閉口する人々も多いが、その奇想の飛躍こそが、閉塞感漂う日常に疲れた人々の妄想の捌《は》け口となっているのだろう。

ナチスとUFO

ここでもうひとつ、ネット時代に蘇った疑惑に、ナチスによるＵＦＯ製造がある。もともと日本では、１９８０年出版の落合信彦『20世紀の最後の真実』（集英社）によって、その疑惑が広く知られるようになった。落合は南米チリに、ナチス残党の秘密基地といわれるエスタンジアを目指し、その過程で出会ったウィルヘルム・フリードリッヒから、ナチスのＵＦＯ開発についての衝撃の事実を聞いている。

その真相については、佐藤健寿が『X51.ORG THE ODYSSEY』（夏目書房のちに講談社／07年）で検証している。佐藤は南米チリに赴き、落合が訪ねたエスタンジアといわれる場所は、ドイツ系カルトコミュニティ「コロニア・ディグニダッド」であったろうと指摘している。もちろん、そこでナチス残党がＵＦＯを製造しているかもしれないという話を大き

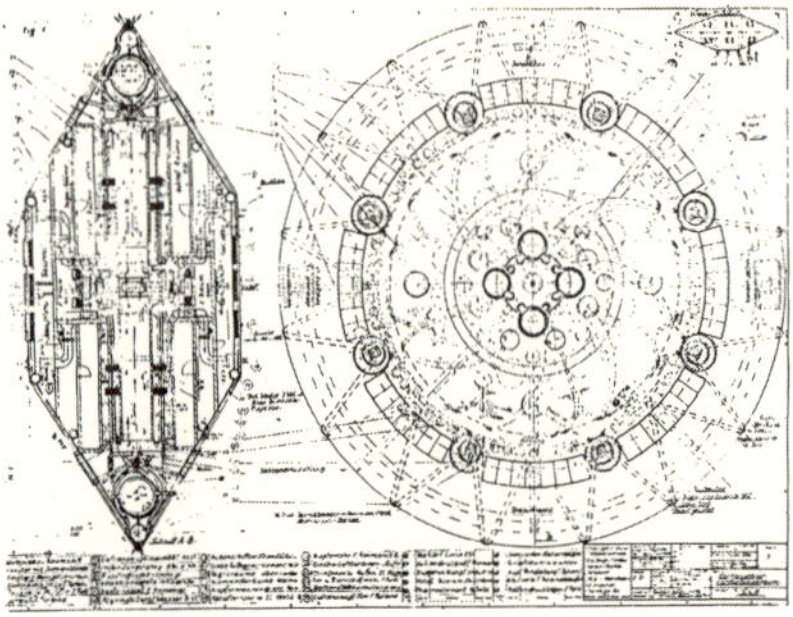

ナチスの円盤型飛行機設計図

く取り上げたのは、落合の読者サービスだろう。

一方、ＵＦＯディレクターの矢追純一は、94年に『ナチスがＵＦＯを造っていた』というＵＦＯ特番を日本テレビ系で放送しており、同タイトルの著作が同年に河出書房新社から出版されている。その中で、ナチスのＵＦＯ製造の秘密をエルンスト・ズンデルなる人物から聞いているが、このズンデルは実のところ、落合が会ったウィルヘルム・フリードリッヒと同一人物である。矢追も著作の中でそのことを認めている。

ズンデルは、ナチスのＵＦＯ製造をネタにして、ＵＦＯ信奉者たちを勧誘するネオナチ活動家として世界的に知られている要注意人物であった。彼によって、ハウニブ型やヴリル型といった数々のナチス製ＵＦＯの図面や写真が公開されているが、その真偽はご想像のとおりである。

それでも近年、コンタクティの元祖ジョージ・アダムスキーは、アメリカのポーランド人コミュニティを通じてナチスのＵＦＯ製造の情報を得ていたことから、アダムスキー型と呼ばれるＵＦＯを創作したのではないかといわれている。ナチスのＵＦＯ製造疑惑がこの21世紀に蘇り、ロズウェル事件を超える勢いで、新たなＵＦＯ神話を構築する可能性は充分にあり得るだろう。

さらに検証するなら、第二次世界大戦末期、ナチスがＶ１＆Ｖ２ロケットばかりでなく、円盤型飛行機の開発に着手していたことは事実である。

１９４４年、現在のステルス戦闘機の原型ともいえる全翼機「ホルテンＨｏ２２９」が作られたほか、ルドルフ・シュリーファーやベルーゾ・ミーテの円盤の図面なども残されている。

ドイツの科学者アンドレア・エップは円盤型飛行機「オメガ・ディスク」の試作モデルを作っていたし、１９５０年代には、米軍がアブロ・カナダ社に発注して円盤型飛行機「アブロ・カー」を試作している。しかし、それらは実用化に至らなかったことから、ナチスのＵＦＯ製造疑惑も計画止まりであったろうと思われている。

ところで、欧米における戦後のオカルトブームを大きくけん引したのは、１９６０年にフランスで出版されたルイ・ポーウェルとジャック・ベルジェの共著『魔術師の朝』（抄訳『神秘学大全』、サイマル出版会のちに学研M文庫／75年）といわれている。

世界のオカルトブームのきっかけとなった『魔術師の朝』

63年には英訳が出版され、世界的なベストセラーとなるが、当時、この本がセンセーショナルであったのは、ナチスがオカルト集団であったことを正面から扱ったからであった。

そこでは、秘密結社や魔術の復興とともに、20世紀初頭に世界の怪奇現象の情報を収集していたチャールズ・フォートが発掘されている。また、宇宙人の存在の可能性や古代宇宙人飛来説が語られ、ナチスとオカルトの関連については、アレイスター・クロウリー、アーサー・マッケンらの神秘思想家が紹介され、ヒトラーがいかに当時のオカルティックなものに惹かれていたかが強調されるのだ。さらに、宇宙は火と氷でできているとするハンス・ヘルビガーの宇宙永久氷説、ナチス南極探検のきっかけとなった地球空洞説にも触れられている。ヘルビガーが説く過去の大洪水は、ヒトラーが信じる、失われたアトランティス文明とアーリア民族伝説の根拠となったという。

そして、ついにはヒトラー自身が超能力を持つ人物として描かれ、世界征服の野望が挫折したときから、ナチスの壮大なる敗北こそがヒトラーの名を歴史に深く刻み込みつけることになると確信し、終末論を実行に移したカルト集団のリーダーのような様相を示していく。

この本では、ナチスのＵＦＯ製造疑惑についての記述はみられないが、さらに超能力や霊的進化による新人類の登場まで説かれており、のちのオカルトブームのネタとなるものがずらりと揃っている。

もちろん、ナチスとオカルトの結びつきは、日本人ならオウム事件を想起させてしまうような危険なものである。それでも、どんな時代にあっても、オカルトというものが、僕たちの心の中に潜む妄想を誘発してやまないことを痛感させられる。そして、オカルティックなものが僕らの心の闇を映し出す鏡である限り、さらなるオカルト神話は、これからも生まれ続けることになるだろう。

ネット時代の新たな神話は、まだ始まったばかりである。次は、どんな謎の結社や宇宙人が僕らを脅かしてくることになるのであろうか。

第二章　ユリ・ゲラーと米ソ超能力戦争

旧ソ連の超能力研究

日本のオカルトブームが、70年代におけるテレビメディアの隆盛にけん引されてきたとするなら、欧米では、米ソ冷戦の不安こそがオカルト熱を煽ったというべきだろう。

第二次世界大戦が終結した1945年から、ベルリンの壁が崩壊する89年までの44年間、アメリカと旧ソビエト連邦は、核ミサイルによる第三次世界大戦勃発の危険を孕《はら》みながら、鉄のカーテンによって共産圏と西側諸国に世界を二分して、対峙《たいじ》し続けていた。だからこそ、「もし米ソの全面核戦争が起こったら、人類は滅亡する」といういい知れぬ不安が一般民衆に広く蔓延《まんえん》し、アメリカ、ヨーロッパにおけるオカルトブームの根底を支えていたのだ。

アメリカのUFO騒動でみたとおり、戦後間もない1947年、実業家ケネス・アーノルドが未知の飛行物体を目的したと証言した際も、当初、ソ連の秘密兵器の可能性が疑われ、アメリカ空軍が調査に乗り出していた。そのことが、のちに宇宙人の乗ったＵＦＯが地球に飛来しているという壮大なるストーリーへと膨張していくことになったのだ。米ソ冷戦下、戦争への不安や未知なる敵への恐怖こそが、オカルティックな妄想をかき立てていたことは間違いないだろう。

ちなみに１９５７年には、ソ連が人類初の人工衛星スプートニク１号の打ち上げに成功したことから、米ソの宇宙開発戦争の火ぶたが切られた。これはスプートニク・ショックといわれるほど、アメリカ政府ばかりか、米国民をも震撼させる大事件であった。なぜなら、宇宙まで到達できるロケット技術を持っているということは、地球上のどこにでもミサイルを落とせるということを意味していたからだ。もし、そのミサイルに核弾頭を搭載したとするなら、発射ボタンひとつで、全人類を滅亡の危機へと追い込むことが可能になったのである。アメリカ政府は、翌58年にＮＡＳＡ（アメリカ航空宇宙局）を発足し、宇宙開発へと乗り出すことになる。

１９６９年、アメリカはついに有人月面着陸に成功し、宇宙における米ソの戦いには勝利したかと思われた。だがその翌年、アメリカ政府がどっぷりとオカルト領域に踏み込まざる

『ソ連圏の四次元科学』

を得なくなる衝撃の書が出版され、瞬く間にベストセラーとなった。それが『鉄のカーテンの向こう側の超能力研究』（邦訳『ソ連圏の四次元科学』上・下、のちに『ソ連・東欧の超科学』として再刊、ともに絶版。たま出版／73・74年、90年）である。

この本は、アメリカ心霊研究協会のメンバーで、ロシアへの渡航経験がある2人の女性ジャーナリスト、シーラ・オストランダーとリーン・スクオウダーが、1968年にソ連で行われた第1回モスクワ超心理学会議に参加するという衝撃的な内容であった。彼女たちは、1966年にソ連の雑誌『科学と宗教』に掲載されたテレパシーの科学的研究に関する記事に興味を持ち、そこで紹介されたソ連の科学者たちとの文通を経て、その国際的な会議への参加が許可されたのである。

彼女たちは、現地で科学者たちの話を聞くとともに、ブルガリアとチェコにも旅して、オーラを撮影するキルリアン写真、ピラミッド・パワー、超能力発生装置などを見聞してまわった。

60年代末のソ連は、スターリン死後、フルチショフによるスターリン批判を経て、64年からブレジネフをトップとするトロイカ体制へと移行していた。そのため、強権なスターリンが押し進めた鉄のカーテンの閉鎖性が若干緩んでいた時期であった。その会議には彼女たち以外にも数人の西側の科学者たちが招待され、鉄のカーテンの向こう側で進行していたソ連の超能力研究の全貌が明らかとなる絶好のチャンスとなったのである。

もちろん、それらの研究は国家や軍が推進したもので、「一九六七年に推定されたところで、年額一二〇〇万〜二〇〇〇〇万ルーブル（約四十億〜七十三億円）の国家予算のもとに、何と二十カ所、または、それ以上の超常現象研究のセンターがある」（前掲書、上巻P8）という驚くべき規模のものであった。

本来、最高の国家機密であった超能力研究を西側に流出させることとは、許されざることだったろう。それでも、ソ連の科学者たちには、自分が成し遂げた新しい科学の成果をぜひとも〝鉄のカーテンの向こう側〟の専門家たちとも共有したいという純粋な思いがあったと想像される。

クラギーナの超能力実験フィルム

第1回モスクワ超心理学会議において、最大の事件となったのは、ニーナ・クラギーナ

（前掲書ではネリヤ・ミカハイロヴァとなっている）による念力（サイコキネシス）の超能力実験フィルムの公開であった。

この会議は、当初は１９６７年12月に行われるはずだったが、４００を超える報告書が追加されたため68年５月に延期され、さらに６月中に再び変更されている。その６月の会議初日、ソ連の共産党機関紙『プラウダ』がクラギーナに関する否定的な記事を掲載して、国際会議開催に対する圧力をかけてきた。政治的な妨害があったことは明らかだったが、主宰者である生物学者のエドワード・ナウモフは「超心理学は善意のもとに発展しなければならない」という信念のもと、柔軟に対応して、ついに会議２日目、ソ連の超能力研究における最大の成果というべきニーナ・クラギーナの極秘映像を西側の科学者たちにもみせたのである。

ニーナ・クラギーナは、レニングラード生まれ、厳しい戦争の時代に生まれ育ち、映像当時は40代の婦人であった。彼女はスラブ系のはっきりした顔立ちで、髪を束ね、質素な服装で、自宅とおぼしきアパートの白い円テーブルに座っていた。数人の科学者やスタッフが立ち会い、テーブルの上には方位磁石、煙草、万年筆のキャップ、ステンレスらしき円筒、マッチ箱などが置かれていた。モノクロ映像には音声はなく、クラギーナがその超常的な能力を発揮するためには、精神統一のために２時間から４時間を要するときもあるというエドワード・ナウモフによる解説が加えられた。

彼女が15センチほど離して両手をかざして動かすと、時計型の方位磁石の針がくるくると回転し始めた。さらにナウモフが、マッチ箱に入っていたマッチ棒をすべてテーブルにまき散らし、その近くに円筒とマッチ箱を置く。クラギーナが両手をかざしながら対象を凝視すると、円筒とマッチ棒がテーブルの上を這うように動いていき、マッチ棒が床にこぼれ落ちた。

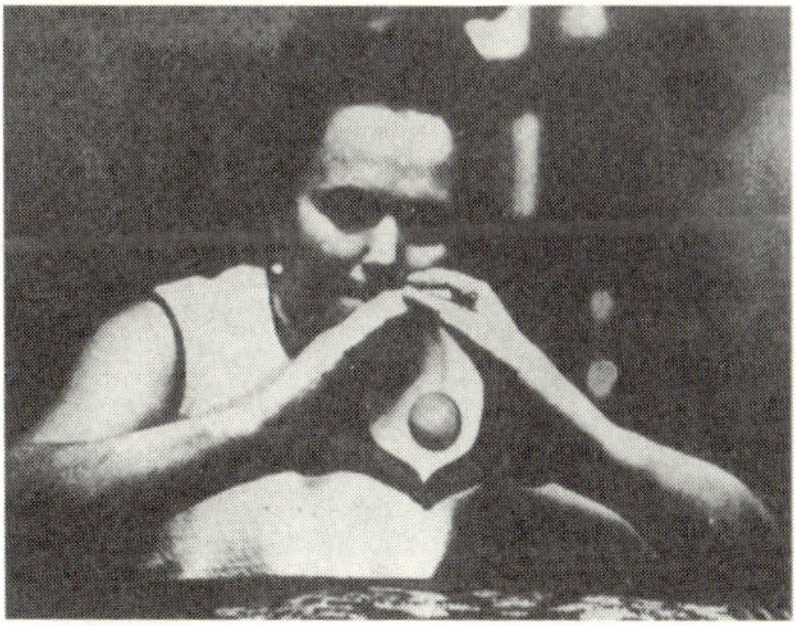
ニーナ・クラギーナ

続けてナウモフは、もうひと掴みのマッチ棒、円筒、マッチ箱を覆うように透明のアクリル樹脂の箱を被せた。これは、何がしかのトリックが使われていないかという懸念を排除するためのものであったが、クラギーナが両手をかざすと、透明の箱の中でそれらが小刻みに動いていった。

実験直後、彼女は力を使い果たし、しゃべることも見ることもできず、数日間は腕や足が痛み、めまいを覚え、眠ることもできなかったという。ナウモフは、撮影には7時間以上を要し、撮影後、彼女は1・4キロの体重が失われた

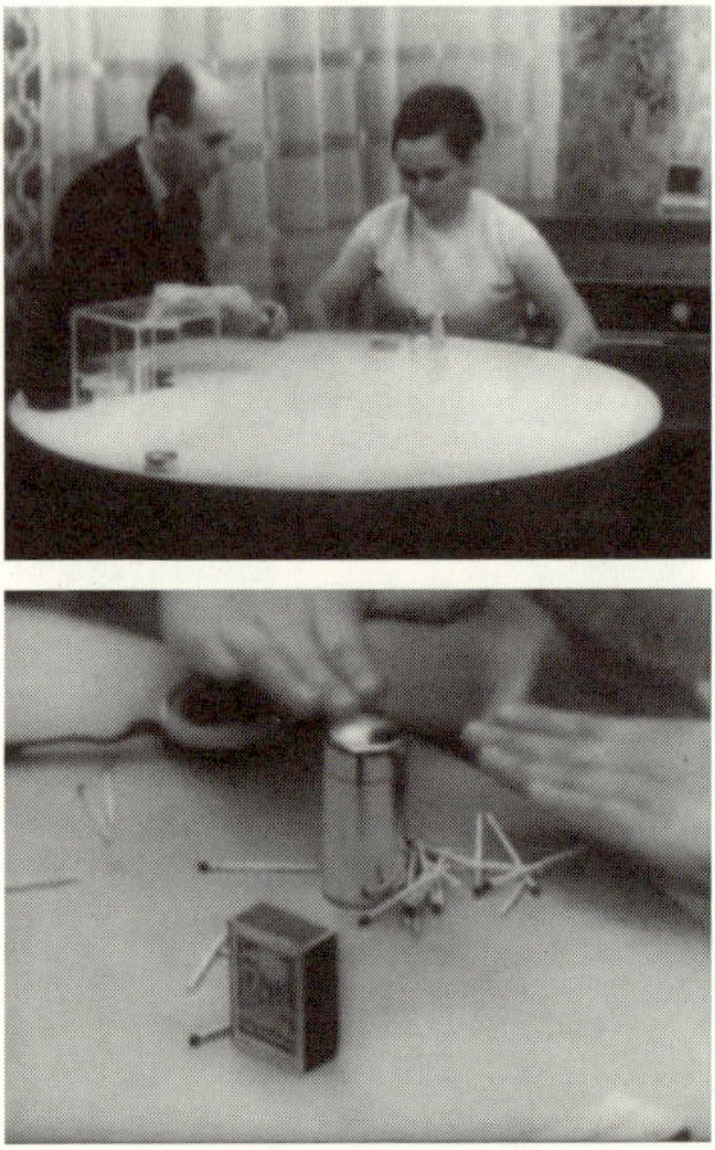

（上・下）クラギーナの超能力実験

と付け加えた。

ニーナ・クラギーナのこの念力実験映像は、いまではネットで簡単にみることができる。だが当時、このフィルムは、モスクワの会議ののち西側に持ち出され、ソ連の超能力研究の最前線を知る貴重な証拠として世界中に大きな衝撃を与え、アメリカでの超能力ブームの起爆剤となっていった。ちなみに、１９７５年の映画『Journey into the beyond（超常現象の世界）』にも収められ、日本でも76年に公開されている。

もちろん、クラギーナの実験映像は磁石などを使ったトリックであると否定する専門家たちも多かった。それでも、共産圏において国家規模の超能力研究が行われていることは事実であり、そのことが広く認知されるようになると、政府ばかりか国民までもが、アメリカの超能力研究の遅れを懸念するようになったのである。

CIAによる超能力の実用化

アメリカの超能力研究は、どうなっていたのであろうか。長年、そのけん引役となってきたのは、超心理学（パラサイコロジー）というジャンルを科学的な手法の導入によって確立してきたジョゼフ・バンクス・ラインであった。

１９２７年にデューク大学に着任した彼は、30年代、大学内に超心理学研究所を設立し、ＥＳＰ（超感覚的知覚）という言葉を生み出して、透視、テレパシー、予知などを人間の「第六感」に当たる能力であるとして研究した。同僚のカール・ゼナーとともに、シンプルな図形のみで作られたＥＳＰカードを考案し、一般人を被験者として数万回にも及ぶ超能力実験を行い、その結果の統計的な分析から、超能力の存在を証明しようと試みたのである。

アメリカの超能力研究をけん引したライン夫妻

ラインは、超能力研究に関する実験や手法、その分析や解釈において、学問的に大きな成果を上げてきたといえる。

だが、鉄のカーテンの向こう側で共産圏が押し進めている超能力研究が、実用性を重視し、優れた人材を集めて、さらにその能力を開発していこうとしていることに比べると、大いに立ち遅れてみえた。

そこでアメリカ政府が超能力研究の新たな拠点としたのが、カリフォルニア州にあるSRI（スタンフォード研究所）である。1972年、物理学者ハロルド・プットフと同僚のラッセル・ターグは、CIAの出資のもと、透視能力に長けたインゴ・スワンらとリモート・ヴューイング（遠隔透視）の実用的研究を始めている。これは明らかに、あらゆる諜報活動に超能力を応用しようというものであった。

この時期、スプーン曲げでのちに有名になるイスラエル出身のユリ・ゲラーが、超心理学者アンドリア・プハリッチの招きでアメリカに渡り、SRIの超能力実験に参加している。だがゲラーは、「実験室で自分の能力を使うのは退屈」という理由で、実験を途中放棄してしまった。物に触ることなく動かすことができた、ソ連のクラギーナの映像を見てきたアメリカの研究者たちにとって、スプーンを指で擦りながら変形させていくゲラーの技は、トリックが介在する余地を残すものであったのかもしれない。それでも、SRIで行われたゲラーによる超能力実験フィルム「Experiments with Uri Geller」が残され、彼の透視実験に関する論文は１９７４年10月の『ネイチャー』に掲載されている。ゲラーが確かに特殊な能力を持っていることについては、ＳＲＩも認めていたのである。

激化する米ソ超能力戦争

70年代に入り、アメリカ政府が超能力研究に本腰を入れるようになると、米ソの超能力戦争はさらに激化していくことになった。

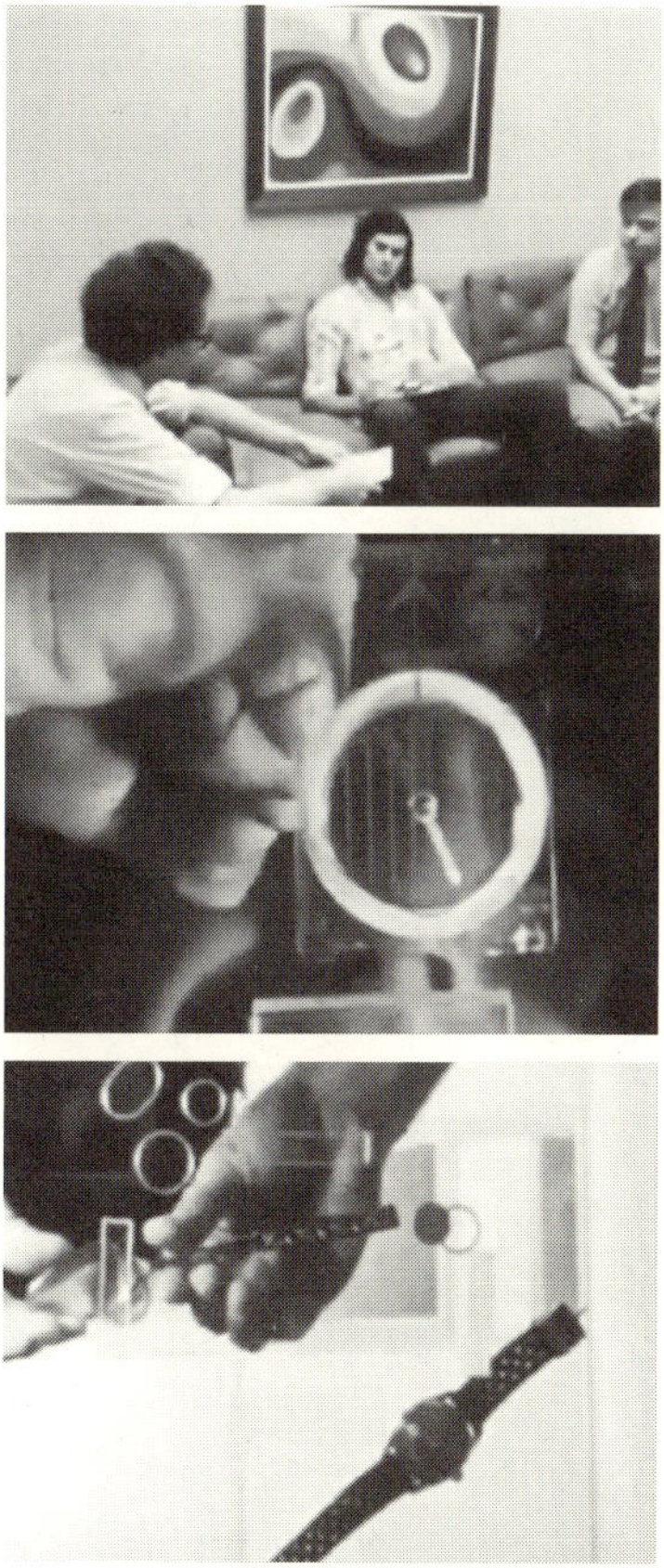

ユリ・ゲラーの超能力実験（"Experiments with Uri Geller"）

1974年、ソ連政府は、西側にソ連の超能力研究の情報が流出するきっかけとなったモスクワ超心理学会議の主宰者エドワード・ナウモフを逮捕し、強制労働キャンプに送って、超能力研究のほとんどをKGBの管轄下において極秘とした。さらに77年、アメリカの大手新聞『ロサンジェルス・タイムズ』の記者ロバート・トスが、モスクワから超心理学に関する国家機密を持ち出そうとした疑いでKGBに拘束される事件が起こった。トスが情報提供者から掴まされた論文が本物であったかどうかは不明だが、この時点でも、ソ連の超能力研究が秘密裏に推進されていたことは間違いない。

一方、アメリカでは70年代後半から、米国陸軍の諜報部がスタンフォード研究所の超能力研究を引き継ぎ、ジョゼフ・マクモニーグルを諜報スパイ部隊・隊員第1号とした。この超能力スパイの極秘プロジェクトは、冷戦終結後の94年、「スター・ゲート」というコードネームとしてアメリカ政府に公表され、その後廃止された。アメリカ政府は、遠く離れた敵国の軍事活動などを超能力によって透視するリモート・ヴューイングの研究に、およそ20年間でのべ2000万ドル（24億円）もの予算を使っていたとされた。マクモニーグルについては、テレビ番組『FBI超能力捜査官』（日本テレビ系）にたびたび登場していたのでご存知の方も多いだろう。

実際には、ＦＢＩには超能力捜査官は存在せず、彼らはアメリカ軍のために働いていたのだ。２００４年、アメリカ政府の情報公開法に基づき、１万２０００項目、９万ページにおよぶ軍とＣＩＡの資料が公開されたが、その中には、超能力スパイがリモート・ヴューイングによって敵の軍事基地や秘密兵器を透視して描いた、大量のスケッチがあった。

ソ連においても同様の遠隔透視による諜報が、冷戦終結まで継続されていたといわれている。米ソ冷戦という緊張感の中で、世界を二分する大国が核武装や宇宙開発でしのぎを削っていたように、超能力研究においても、お互いに負けるわけにはいかなかったのだ。

ここでもうひとつ、検証しておかなければいけないのが、ノーチラス号の一件である。

１９５９年、アメリカの原子力潜水艦ノーチラス号が航行中にテレパシー実験に成功し、その実用性を立証したという情報がニュースとなり、フランスの科学雑誌『シアンス・エ・ヴィ』などに掲載された。のちに、それはフィクションであることが判明するが、ここで驚くべきは、このノーチラス号のニュースを真顔で信じてしまった偉大な科学者がいたことである。その人物とは、ソ連の生理学の権威レオニド・ヴァシリエフであった。１９６０年４月、ヴァシリエフは、ソ連の著名な科学者たちの会合で「ＥＳＰ現象を裏付けるエネルギーの発見は、原子力エネルギーの発見に相当するだろう」と熱弁をふるい、その年のうちにレニングラード大学に超心理研究所を設立したのである。

いまにして思えば、ノーチラス号についての真偽不明な情報から、国家の威信をかけた米ソ超能力戦争が始まっていたともいえるのだ。冷戦下の疑心暗鬼が、人間の心の奥底に眠るオカルティックな妄想を呼び起こしてしまったということなのだろう。

ゲラー・ショックとは何か

70年代、米ソの対立を背景に、世界的に大きな関心を集めていた超能力研究の世界に、スプーン曲げというニッチな得意技を引っさげて乗り込み、一気にスターダムにのし上がったのがユリ・ゲラーであった。特にテレビメディアを通じて大ブレイクした日本の超能力ブームは、まさに彼が総取りしてしまったといっても過言ではないだろう。

ユリ・ゲラーの初来日は1974年。短期間の滞在で、2月25日の『11PM』に生出演、さらに『木曜スペシャル』の収録を済ませて帰国した。3月7日放送の『木曜スペシャル驚異の超能力!! 世紀の念力男ユリ・ゲラーが奇跡を起す!!』は、26・1%の視聴率をはじき出し、いまだに日本のテレビ史上に残る記録となっている。当時、ブラウン管の前にいた世代にとっては、いまも印象深く記憶に残っていることだろう。

その放送では、前半、公開録画でフォーク曲げや透視術が披露されたのち、後半では、国際電話でカナダに滞在中のユリ・ゲラーに連絡を取り、なんとカナダから日本の視聴者に向けてテレパシーを送ったのだ。その直後から、スタジオ内に待機していた数十人の電話交換手たちは視聴者からの電話の対応に追われた。その数は、彼がヘルシンキから念力を送った4月4日の特番と合わせて、1万2000件に達したともいわれる。「自宅のスプーンが曲がった」「壊れたはずの時計が動き出した」など、さっきまでテレビの中で起こっていた超常現象が、なんとお茶の間でも発生し始めたのだ。まさにこれこそが〝ゲラー・ショック〟であった。

ユリ・ゲラーとの出会いが衝撃的だったのは、彼をみているだけで、自分も超能力に目覚めてしまうような気分にさせられたことだ。「誰にでも超能力はある。きみにもスプーンが曲げられる」と、彼は視聴者に優しく語りかけ、誰もが彼の印象的な容姿、鋭い眼光、しなやかな指使いに魅了された。スプーンを優しくなでる仕草はエロティックでもあった。実際、日本人の多くが、彼の魔力にハマったのだ。

〝ゲラー・ショック〟というべき、特番放送の影響は、まず子供たちに現れた。彼らは超能力に覚醒したと主張して、そのうちの数人はテレビに出演してスプーン曲げの実演まで披露

70年代当時のユリ・ゲラー（写真：アフロ）

するようになる。その中には、いまもよく知られている清田益章もいた。そんな超能力少年少女が日本全国で急増したのだ。

だが一方で、テレビや週刊誌の超能力報道が加熱し、さらに、空中にスプーンを投げて曲げることで話題となったある少年について、そのトリックを週刊誌が暴いたと報じたことから、子供を惑わせたのはマスコミの責任という批判も広まった。それでも、当時のテレビメディアの影響力はすさまじく、その熱量が生み出す興奮は、ネット時代となった現在からは想像し難いものかもしれない。

超能力を信じる、信じないを超えて、ユリ・ゲラーの登場こそが、日本のオカルトブームの起爆剤となったことは間違いないのである。

ゲラーの密着取材

１９７４年の衝撃的な来日で、超能力旋風を巻き起こしたユリ・ゲラー、彼を語らずして、日本のオカルトブームを語ることはできない。それほどに、彼はずば抜けたエンターテイナーであり、確かにオカルト界のスーパースターなのである。

そして、もはや伝説となったゲラーが、２０１４年８月に急遽来日することになった。CS放送ファミリー劇場『緊急検証！』の収録のために、再び日本の地に降り立ったのだ。

筆者は雑誌の取材のために、ユリ・ゲラーの番組収録や記者会見に立ち会い、彼自身からも直接話を聞くチャンスを得た。ついにそのレジェンドと会える興奮に、胸の鼓動は高まった。ゲラーはすでに70歳に近いが、とてもエネルギッシュで若々しく、その迫力には圧倒されるばかりであった。

ゲラーは74年の初来日のことを、感動的に語った。空港での派手な出迎えに加え、美しい日本女性たちが大きな花束を持って並び、その歓迎ぶりはビッグスターの扱いだったろう。ヨーロッパからすれば、日本は本当に遠い国であり、それまで彼が、日本の歴史も文化も習慣もまったく知らなかったも当然だろう。最初の来日のときから、彼は日本の素晴らしさに感激して、大の日本好きとなったそうだ。

ユリ・ゲラーが当時の国際空港があった羽田に到着したときの熱狂ぶりは、１９６６年のビートルズ初来日とよく比べられる。ユリ・ゲラーは、その前年の73年にヨーロッパを席巻した超能力者という派手な話題性に加え、ファッションモデルであった過去を持つ眩《まぶ》しいばかりの美貌が相まって、報道陣ばかりか女性ファンも多数かけつけ、その歓迎ぶりは常軌を逸したと語り継がれているほどである。

初来日以来、親日家となったゲラーは、なんと82年には約1年間、家族で富士山の麓《ふもと》、山中湖の富士吉田市に住んだこともあった。彼は豆腐をはじめとする日本食が大好物であったが、日本に長期滞在するきっかけとなったのは、親友ジョン・レノンの助言があったからという。ご存知の通り、69年、ジョン・レノンはオノ・ヨーコと結婚しており、そのこともあって、日本への関心は高かったことだろう。ここで、ユリ・ゲラーとジョン・レノンとの不思議なつながりについても踏み込んでみよう。

ゲラーによれば、ジョンと仲良くなったのは、お互いにUFOの存在を信じていたからだという。さらに、彼が初来日したのと同じ74年、ジョン・レノンは、マディソン・スクエア・ガーデンでのエルトン・ジョンのコンサートに出演予定であったが、そのときジョンと別居中であったオノ・ヨーコを呼び寄せ、復縁のきっかけを作ったのがゲラーであるという。もちろん、ゲラーがヨーコを呼び寄せたというのは、彼の超能力による。そのことがもうひとつのきっかけとなって、ゲラーは、ジョンが宇宙人から受け取ったという不思議な金属の卵をもらっていた。

筆者も、ゲラーからこの金色の小さな塊を見せてもらうことができた。金属製で楕円の球体、手に乗せると見た目のイメージよりもどっしりと重く、その重心は中心からずれていて、手の上で勝手に動き出しそうな不安定なバランスをもっている。さらには、毎年12月になると何かが入っているような不思議な音を発するのだそうだ。それが何なのかはよくわからないが、ゲラーはそれを常に携帯し、お守りにしているのである。

確かに、ゲラーのまわりには、常に不思議なことが起こりそうな雰囲気が充満している。この人はやはりただものではない、それが本人と直に会ってみた素直な感想である。

テレビでテレパシーを送る

ユリ・ゲラーは、1946年イスラエル生まれ。兵役ののち、ファッションモデルを経て、ショービジネスの世界とかかわるようになる。ところで、なぜスプーン曲げなのだろうか。

ゲラーは、5歳のときにスープを飲んでいたら勝手にスプーンが曲がってしまったことを、身振りも交えて説明してくれた。そして8歳のときには、光る球体を目撃して、それから出た光線が彼の額に当たったのだという。夢のような不思議な体験だったが、それ以来ゲラーは、超能力に目覚めたのだと強調した。確かに、彼は子供時代から何か特殊な能力を持つ存在であったのだろう。

そこで彼が考えたのは、自分の特殊な能力をエンターテインメントとしてみんなに見せようということだったのである。子供時代、彼の家は貧しく、社会的に成功したい、お金持ちになりたい、そして、母親を楽にしてやりたいという気持ちがずっと強かったという。超能力者としての彼の存在が世界的な話題になり始めるのは、73年のヨーロッパ・ツアーからである。どんなきっかけだったのだろうか。

1972年、イスラエルにいたゲラーが、CIAの超能力研究に協力するためにアメリカに呼び寄せられたことは前述した通りである。そこで行っていた超能力実験のことが新聞に載ったことから、イギリスBBCテレビの人気コメンテーター、デビッド・ディンブルビーから連絡があり、73年11月23日、ゲラーがテレビに初出演することになる。その放送において、とても不思議なことが起こったという。1000万人以上はいるイギリス全土の視聴者が台所からスプーンを持ってきて、テレビを観ながらゲラーの真似をしたというのだ。すると視聴者たちのスプーンも曲がったことから、テレビ局に電話が殺到し、翌朝の新聞に「ユリ・ゲラーがイギリスを曲げた」という見出しが出るほど話題となったのだ。

それがきっかけでゲラーは、ヨーロッパ各国からオファーを受け、ドイツ、スウェーデン、オランダと旅を続けることとなる。どの国の新聞も、ゲラーのテレビ番組を見るときにはスプーンを用意するように書くため、ますます高い視聴率をはじき出した。スペインでは史上最高の視聴率記録を持ち、その記念に毎年のように呼ばれているという。実際、ゲラーが初来日する前も、ヨーロッパのテレビ出演の映像が、日本でもたびたび放映されていた。当然、来日への期待は大いに高まっていたことだろう。

ゲラーによれば、最初にＢＢＣのテレビで成功したときから、テレビを通じて視聴者に語りかけることでテレパシーが送れると気がついていたという。つまり彼は、全く新しいテレビメディアの使い方として、カメラに向かって話しかけることで、ブラウン管の向こう側にいる視聴者にまでテレパシーを送ることができると語るのだ。そして日本での放送でも、テレビを通じて視聴者にテレパシーが送られ、日本中がゲラー・ショックに見舞われることとなった。その反響のすさまじさは、まさに社会現象というべき熱狂であったのだ。

特に日本のテレビ放送では、ゴルフクラブを曲げるなど、スペシャルな挑戦も多かったという。そのときは、テーブルの上にクラブを置き、まわりに集まった子供たちがみんなで「曲がれ、曲がれ」と声を合わせると、最後には、中央のところから真っ二つに曲がったのだそうだ。

73〜74年のユリ・ゲラー旋風は世界中に吹き荒れた。テレビ、新聞、雑誌などにゲラーのニュースがあふれたのだ。日本におけるゲラー・ショックが特別だったのも、カラーテレビの普及、世界的な超能力ブーム、そして、ゲラー自身の来日がすべてシンクロしたからに他ならない。そのとき、まさにゲラーは世界中を〝曲げた〟といっていいだろう。

矢追純一との出会い

ここでユリ・ゲラーを日本に招聘した最重要人物、テレビ・ディレクターの矢追純一についても触れておきたい。

昭和のオカルトブームの仕掛人・矢追純一こそ、いち早く海外の超能力研究の最前線を追い、ユリ・ゲラーを発掘したばかりか、UFO、宇宙人、ネッシー、さらにはオリバーくんまでを仕掛けた最重要人物である。

とはいえ矢追本人は、オカルティックなものばかりを取り上げてきた理由について、世の中には不思議なことがいっぱいあることを知ってもらいたかったからと、さらりと語っている。彼の回想によれば、70年代当時の主な情報源は、定期購読していた英字新聞であったという。ＵＦＯ、ネッシーから超能力にいたるまで、新聞で見た記事をきっかけとして現地取材を計画し、どこへ行くにもカメラをまわし、突撃取材さながらに撮りためてきたものを、あの独特の編集と演出で仕上げていたのだそうだ。

ゲラーと矢追、その２人の出会いはどうだったのだろうか。72年、ゲラーがスタンフォード研究所での超能力実験に参加するために渡米した翌年、矢追は、アポロ14号で月面に降り立った元宇宙飛行士エドガー・ミッチェルが超能力を研究しているというニュースを知って、アメリカへ取材に来ていた。矢追は、ミッチェルからユリ・ゲラーという優れた超能力者がいると聞くが、すでにスタンフォード研究所からはいなくなって、連絡が取れないといわれる。矢追はゲラーと会うことは諦めて、心霊科学研究所を取材するためにニューヨークに赴くが、そこで偶然、ゲラーの秘書をしているという日系女性と知り合って、ゲラー自身と会うことができたというのだ。

ゲラーの人気が世界的に爆発するのは、その直後であった。矢追はゲラー人気がブレイクする前に奇跡的に接触に成功したテレビ・ディレクターだったのである。その後、矢追は、ヨーロッパでのゲラーの大人気ぶりも踏まえ、派手な前宣伝の上で日本での特番を仕掛けていくことになる。

70年代のゲラー・ショックは、スプーン曲げの強烈な印象とともに、昭和オカルトブームを体験した世代の脳裏に今もしっかりと焼き付けられているのだ。

その後のユリ・ゲラー

70年代前半の絶頂ののち、ゲラーは祖国イスラエルやアメリカではプロの手品師たちの反発を招き、超能力論争と悪意に満ちたマスコミやライバルたちの誹謗中傷に悩まされ、ショービジネスの世界からは排除されてしまう。その先頭に立ったジェームズ・ランディは、1975年以来、「サイコップ」なる超能力者の欺瞞を暴くグループを設立し、ユリ・ゲラー潰しを続けている。

欧米のショービジネスの一線から退いたゲラーは、ダイヤモンドや油田、地下資源の発見などにその能力を活かし、大きな富を手に入れたという。成功者となったはずのゲラーであったが、自らのエゴが肥大して、うまく自分をコントロールできなくなってしまっていた時期もあったようだ。そのときの大きな転機となったのが、80年代の日本への長期滞在だったということらしい。

その後、ゲラーはロンドン郊外に住み、最近では、もっぱらネットを通じてファンや支援者たちからの悩み相談や問いかけに応じている。さらに２０１３年、イギリスＢＢＣのドキュメンタリー『The Secret Life of URI GELLER（ユリ・ゲラーの秘められた人生）』で、ゲラーが長年アメリカの超能力スパイとして活躍していたことを公表して、世界的な話題となっている。アメリカとロシアの核軍縮交渉において、当時副大統領であったアル・ゴアとともにロシアに出向き、ロシア外交の調印の場では、核軍縮交渉にサインするようにテレパシーを送り続けたという。また、長年ゲラーを悩ませ続けたランディらとの超能力の真偽をめぐる論争は、アメリカ政府の極秘任務の絶好のカモフラージュとなってきたとも語っている。

『ユリ・ゲラーの秘められた人生』

現在のゲラーは、菜食主義を貫き、健康に気遣い、常にポジティブに考え、まったく年齢を感じさせないバイタリティーをみせてくれる。最近、彼は自身のことをミスティファー（奇跡を行う人）と称している。彼が生きているかぎり、まだまだ話題は尽きないことだろう。

超能力映画『スキャナーズ』のリアリティ

21世紀に入ってからの超能力研究はどうなっているのだろうか。

２０１４年、ＮＨＫが『超常現象 科学者たちの挑戦』を放送して、近年の超能力や心霊現象に関する科学研究の成果を検証している。そこにはユリ・ゲラーがまた登場し、スタンフォード研究所で彼の超能力実験を担当したハロルド・プットフも出演している。一方、１９７９年から４年間にわたり、マジシャンのバナチェックが超能力者と偽ってアメリカの研究機関を騙し、83年に記者会見でそのことを公にして、科学界における超能力研究の信頼を大きく失墜させた件についても取材している。90年代半ばに、冷戦下の超能力研究の実態が公開された件は前述したとおり。脳のテレパシー実験や、虫の知らせを科学的に探求するアプローチも興味深い。だが正直なところ、70年代から米ソが国家規模での超能力研究を競っていたにもかかわらず、現在になっても目覚ましい成果は上がったとはいえない。

いまでも超能力を擁護する向きはあるが、人工衛星から地球上のどこでも監視することが可能となり、ネットや携帯による遠距離コミュニケーションが瞬時にできるようになってからは、さすがに古き良き超能力のイメージは色あせる。

それでもなお、心の奥底に響く、超能力への憧れがあるとすれば、フィクションの世界だろう。

日本では、横山光輝の『バビル2世』（71〜73年、73年テレビアニメ）をはじめ、つのだじろうの『うしろの百太郎』（73〜76年）などで超能力が描かれ、大いに人気を得た。『機動戦士ガンダム』（79〜80年テレビアニメ）では超能力者はニュータイプとして登場し、大友克洋の『ＡＫＩＲＡ』（82〜99年、88年劇場アニメ）では、近未来における日本政府による秘密裏の超能力研究の暴走が描かれている。そこには、視聴者であろう子供たちの、超能力者になりたいという強い願望が投影されていただろう。

一方、海外では、冷戦下における米ソ超能力研究競争に対する一般市民の恐怖と不安をわかりやすくビジュアル化した作品として、デヴィッド・クローネンバーグの映画『スキャナーズ』（81年）がある。今あらためて見ると、その先駆的な内容に驚かされることだろう。その影響は、日本の『ＡＫＩＲＡ』や士郎正宗の『攻殻機動隊』（89年〜、95年劇場アニメ）のみならず、海外でも映画『マトリックス』（99年）などにも及んで、人間の内面にかかわる超能力の世界をどのように視覚

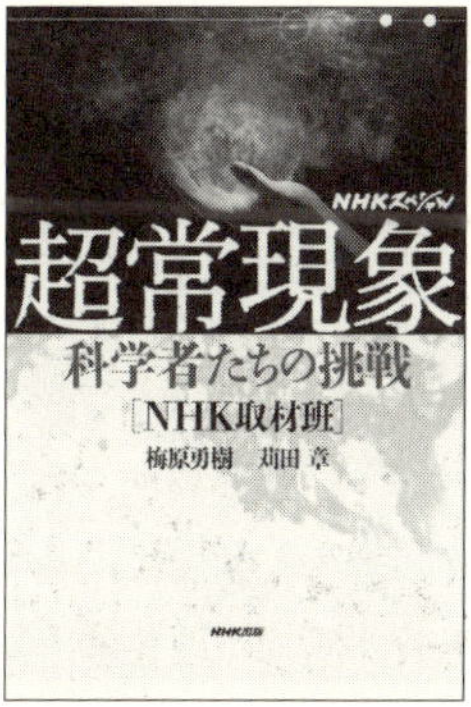

『超常現象　科学者たちの挑戦』

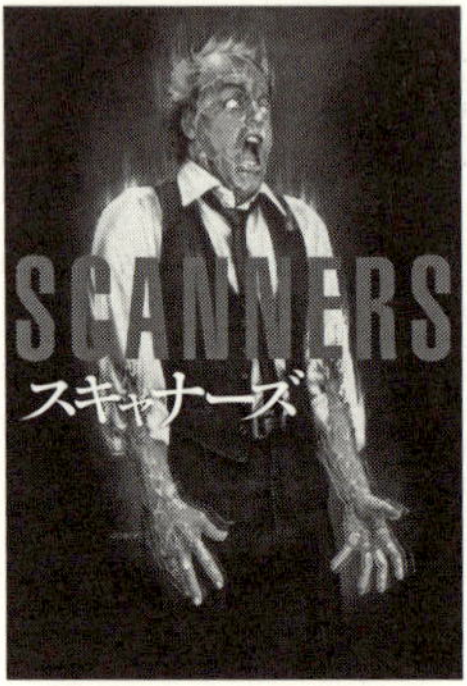

『スキャナーズ（リストア版）』DVD 発売元：コムストック・グループ、販売元：パラマウント・ジャパン、価格 1,429 円＋税、発売日：2014 年 12 月 10 日（発売中）©1980 AVCO EMBASSY PICTURES CORP（ジャケット写真は予告なく変更となる場合がございますのでご了承ください）

的感覚的に表現するかということが、この『スキャナーズ』によって最初に開拓されていたことがよくわかるのである。

当時の予告編に使われたことで有名なのが、頭が爆発するシーン。それは、超能力者による読心術の実演披露において発生した事件であった。一人のスキャナー（超能力者）が、もう一人の男性を読心術の被験者にしようとしたところ、その男性もまたスキャナーであった。読心術を始めるにあたり、めまい、鼻血、耳鳴りなどの症状を引き起こす場合があることがアナウンスされたのち、2人が並んで腰掛け、実演が始められた。だが、心を読もうとすると被験者の男性が抵抗し、逆に反撃を開始するのだ。すると、読心術を試みていたはずの男性が激しく苦しみの表情を見せ、さらに両手を震わせ始めると、会場には不穏な空気が漂い始めた。そしてついに、頭がドッカーンと爆発するのだ。

超能力者同士の戦いを視覚化する表現として、これほど素晴らしいものはない。当時はまだＣＧは充分でなく、そのシーンは特殊メイクの高度な技術によるものであった。もし、米ソの超能力戦争が現実のものとなったなら、政府による特殊なトレーニングを積んだ超能力者同士の戦いとは、最後には敗者の頭が爆発してしまうのかと理解させられたのだ。

また、映画の中で、主人公ベイルを狙うライバルの超能力者レボックは、頭蓋骨に穴を開けるトレパネーション（頭蓋穿孔）を行っていた。スキャナーとしての感度が高すぎて、他人の考えていることが休みなく聞こえてしまうため、その状況に堪え難く、ついに自分自身でドリルを額に当て、穴を開けてしまったというのだ。超能力の映画にトレパネーションを絡めてくるあたりも、クローネンバーグならではの奥深さがみえる。電話回線を使って念力を送り、巨大コンピューターのデータを破壊するなど、当時、想像され得る超能力の可能性を存分に実写化しているのだ。

この映画のもうひとつの見せ場は、ラストの超能力者同士の死闘である。ベイルとレボックの戦いが頂点に達すると、両手のひらから炎が上がり、白目をむいたかと思うと目玉が吹っ飛び、ついには全身が燃え上がって、敗者は完全なる焼死体となる有様である。最後、主人公ベイルは、レボックの肉体に移ることによって勝利を収めたという結末となる。

そこで描かれる超能力は、一般人が考えるようなお手軽なものでない。読心術を行うにも、

2人の気持ちをひとつにしなければならないリスクがある。つまり、超能力で他人を死に至らしめようとするなら、自らも命を賭けて挑まなければならない過酷な精神戦となるのである。

事実、旧ソ連の超能力研究においても、超能力による暗殺を企てたところ、念を送った超能力者自身が体調を損ね、ターゲットを死に至らしめることができなかったという。その上、その超能力者は数カ月間、特殊な能力を使えない状態に陥ったのである。もし超能力が存在し、訓練によって鍛えることができたとしても、それを殺人などのネガティブな行為に用いようとするなら、うまくいくことはなかったかもしれないのだ。

あらためて、日本における超能力ブームを再考するならば、戦後封印されていた日本独特の精神主義が、70年代のオカルトブームとともに息を吹き返したようにも思えてならない。現在においてさえ、日本民族には強靭な精神力に裏打ちされた特殊な能力があるという考えがどこかにあるのではないだろうか。

74年のゲラーの初来日で、テレビでスプーン曲げを観たとき、日本中が敏感に反応したのは、日本独特の精神主義に響くものがあったからではないだろうか。そのような傾向は、その後のオカルトブームにおいて幾度も頭をもたげ、日本をオカルト大国に育て上げてきたように思えるのである。

第三章　四次元とピラミッド・パワー

大人も魅了したピラミッドの不思議な力

ピラミッド・パワーは、1973年の『ノストラダムスの大予言』の大ヒットに始まる日本のオカルトブームからすれば、少し遅れてやってきたものであるといえよう。それでも僕らは皆、ピラミッドやミイラが大好きで、エジプトといえば古代文明の聖地として、ある種の憧れを持って眺めたものである。たとえば、70年の手塚治虫のアニメ映画『クレオパトラ』では、絶世の美女といわれたエジプトの女王クレオパトラが、官能的な恋愛に燃え上がり、最後には自ら毒を飲んでプライド高き死を選んでいる。

現在では過去のものとなったエジプト文明であるが、すぐれていたがゆえにプライドを守り、支配されるくらいなら滅ぶことを選んだ文明のようにみえた。実際、ピラミッドやミイラは、テレビではお馴染みのテーマであり、僕らはピラミッドという不思議な響きを持った言葉に、常に魅了され続けてきた。

ピラミッドといえば、ツタンカーメンの呪いが有名だ。1922年にツタンカーメンの墓が発見された翌年に、発掘のスポンサーであったカーナボン卿をはじめ、関係者およびその親族らが20人も亡くなったことから、ツタンカーメンの呪いではないかと騒ぎになったのだ。

エジプトのピラミッド（写真：アフロ）

いまでは、当時、カーナボン卿の親族が営むロンドン・タイムズ紙がツタンカーメンの墓発掘の取材を独占したことから、他紙はカーナボン卿の死を呪いと結びつけてスキャンダラスな記事を書くしか部数を伸ばす手段がなかったために広まった、根拠のない噂であったといわれる。それでも、ツタンカーメンの黄金のマスクの素晴らしさは人を惑わすほどであった。昭和40年の日本での『ツタンカーメン展』において、いまでは国外持ち出し禁止となっているマスクがこのとき限り公開されたことがきっかけとなって、日本のエジプト学がスタートしたことは前述したとおりである。

あらためて振り返るなら、子供時代、新宿の地下街にあった「王様のアイディア」(ユニークな生活用品や雑貨を扱うセレクトショップ。当時各地の駅ビルや地下街に展開していた)で、ちょっと大人びたナンセンス雑貨に混ざって、ピラミッドの形状をしたグッズがあったと記憶している。宇宙人や心霊現象が、特撮モノと未分化なちょっと子

冨田勲『バミューダ・トライアングル』

供じみたオカルトであったとするなら、ピラミッドは大人にも解けない謎を持つ神秘性を有し、クレオパトラのエロスにも通じる、大人の匂いがするものだった。

70年代、ピラミッド・パワーは、大人もハマれるオカルトとして世界的な関心を呼んでいた。世界の動きに敏感なクリエーターとして知られる冨田勲や横尾忠則も、ピラミッド・パワーに熱中し、人間の精神を浄化し、特別な能力を開花させ、創造のインスピレーションの源となることに関心を寄せていた。

彼らにSF作家の小松左京を加えて、ピラミッド・サウンドに挑んだ野心作が、冨田勲『バミューダ・トライアングル』(78年)であった。5チャンネルでマスター・テープを構成

することで、立体音像が現れる驚愕のピラミッド・サウンドがすごかった。シンセサイザー・ミュージックで名を馳せる巨匠・冨田勲にしても、当時、中学生であった僕らにとってすれば、ちょっと背伸びした存在であったのだ。

ジャケットデザインはもちろん、横尾忠則。彼が自宅の瞑想用ピラミッドの中で座禅する様子は、狐狗狸《こっくり》さんや心霊写真でメガヒットを連発した中岡俊哉の『ピラミッド・パワー』（二見書房／78年）で紹介されている。

では、そんなピラミッド・パワーは、どこから来たのだろうか。

チェコで特許を取得したピラミッド・パワー

ピラミッド・パワーとは、ピラミッドの形状をした模型の重心に当たるところに食べ物などを置くと、腐らずに鮮度が保たれるといわれ、科学的には説明できない脱水作用が起こるというものである。同様に、使用済みのカミソリを置けば剃り味を回復させられるともいわれ、ピラミッドの形状は未知のエネルギーを集める効果があると考えられてきた。

ピラミッドが持つ不思議な力が世界的な関心を呼ぶことになるのは、米ソ冷戦下の70年、鉄のカーテンの向こう側で行われていたソ連および共産圏の超能力研究を暴露する本『鉄のカーテンの向こう側の超能力研究』(62ページ参照)が出版されてからである。この本は、米ソの超能力開発競争を巻き起こすきっかけにもなっており、当時の世界的なオカルトブームにおける重要文献といえるだろう。

１９７６年には、マックス・トス＆グレッグ・ニールセン著『ピラミッド・パワー』(邦訳『ピラミッドパワーを発見した』ＫＫベストセラーズ／78年)が出版されて、アメリカで大ヒット。ピラミッド・パワーが大ブームとなって、ピラミッド・グッズが街にあふれることになる。

それらの本によれば、ピラミッド・パワーの発見者は、アントワーヌ・ボビーというフランス人であったという。彼は、エジプトに大ピラミッドを見に行った際、暑さに疲れて、あるピラミッドの石室に入った。だいたいのピラミッドには、中央部の高さ3分の1のところに石室があるのだが、そこに迷い込んだボビーは、死んだ動物が腐っていないことに気づき、ピラミッドには何らかの脱水作用があるのではないかと考えた。さらに彼は、そのような効果の原因はピラミッドの形状にあるとして、帰国後にピラミッドの模型を作って、正確に方位を定めて、実験を繰り返していくことになる。１９３０年代にボビーが行った研究は、のちにチェコスロバキア(現在のチェコ)のメディアで大きく報じられる。

そこで未知のピラミッド・パワーに大きな関心を抱いたのが、プラハの無線技術者カール・ドラバルである。彼も、ボビーにならってピラミッド模型を作り、正確に方位を定めて、数々の追加実験を繰り返した。そしてドラバルは、脱水作用を活かしてカミソリを何度も使い回せることから、１９４９年に特許を申請し、59年、紙で作ったピラミッド模型にカミソリを入れておくと切れ味が落ちない「ファラオのカミソリ再生器」という商品で、チェコスロバキアの特許番号９１３０４号を取得した。

科学的には立証されていないとされているピラミッド・パワーだが、特許を取ったということは、実用的効果があったことが社会的にも承認されていたことを意味する。まさにそのことが、発明王エジソンを生んだアメリカ人の起業家魂を刺激して、70年代以降に盛んになるスピリチュアル系ビジネスにつながっていったのだ。

アメリカにおけるピラミッド・パワーの大ブレイクの理由は、そのシンプルさにあった。とにかく、ピラミッドの形をしていれば、あらゆる効果が期待できると考えられ、数々のピラミッド・グッズが生まれることになる。巨大な瞑想用ピラミッド・テント、頭に被るピラミッド・ハット、小さなピラミッドを複数並べたピラミッド・ジェネレーターなど、ピラミッドという形状が未知のエネルギーを集積するものとなったのだ。また、ピラミッド形は、ニュー・エイジやスピリチュアル・カルチャーの象徴的なイメージとして定着していく。

今も続くピラミッド・パワーの人気

あらためて、ピラミッド・パワーがチェコや旧ソ連で独自の発展を遂げ、アメリカで広く受け入れられてきたという経緯は、実に興味深い。チェコのカール・ドラバルは、そのパワーを、ピラミッドという形状によって、地球上の特殊な磁場エネルギーが集積されたものではないかと考えていた。だが、いまだに科学的な解明は進んでいない。

日本では、1999年に放映された『特命リサーチ200X』（日本テレビ系）の影響から、ピラミッド・パワーは、王室の石材が持つ磁気によってマイナスイオンが発生するレナード効果によるものという結論が支配的となっている。アメリカでは、2005年に人気テレビ番組『マイスバスターズ』で取り上げられ、番組中に数々の実験が行われたものの、その効果を実証できずに終わり、ピラミッド・パワーの信奉者たちを落胆させた。

それに対して元共産圏では、いまもピラミッド・パワーに絶大な人気がある。特に目立っているものに、アレキサンダー・ゴロードがロシアのモスクワ近郊に建設した、高さ44メートルのファイバーグラスなどで出来たピラミッドがある。それは、ピラミッド・パワーの集積施設になっており、そこを訪れるだけで何か不思議な力を得ることができるとネット上でも話題となっている。

ロシアや東欧では、他にもピラミッド・パワーを使った病気の治療や健康法、精神力の向上といったことが試みられている。ロシアにおける超能力研究もかなり突き抜けたものがあったが、社会主義というものが唯物論で凝り固まっているように思えるのとは裏腹に、社会主義体制の中で守られてきたヨーロッパ的な精神は、百年前に魂の存在を信じた心霊主義者たちに似て、経験的な効果が立証されるなら目に見えない力を当たり前のように信じてしまうところがある。それは、ある種オカルティックな考え方が、社会主義体制で生きながらえてきたものであったともいえる。

モスクワ近郊にある現代のピラミッド（www.pyramids.ru）

いまも謎に包まれるピラミッド・パワー。その秘密は、５０００年の歴史を遡り、エジプト文明の謎につながる。ピラミッドは、いまでも僕らの夢を乗せ、過去と未来をつないでくれているのだ。

魔の三角海域バミューダ・トライアングル

バミューダ・トライアングルも、ピラミッド・パワーに似たちょっと大人の匂いがするオカルトである。なぜなら、バミューダ海域で多くの飛行機や船舶が行方不明になっているのは事実であったし、有名な5機の爆撃機による編隊フライト19が消息を絶った事件についても、アメリカ軍は徹底した捜索の末、何の残骸も発見できなかったと認めていたからに他ならない。

それは、オカルトというよりはミステリー、あるいは怪奇現象というべきもので、背筋がゾクゾクするリアリティをもって、僕らに迫ってくるものだった。

ところで、筆者が小学生の頃には、「人間蒸発」という言葉をよく聞いたように思う。たとえば、同じクラスの友だちが学期の変わり目などに突如として転校してしまうことがあれば、それはある種の蒸発のような体験であった。いまにして思えば、それは親の転勤などの理由によるものだったろう。だが、学校と家、そしてテレビだけが僕らの世界であったから、そこから突如として姿を消してしまった友だちは、バミューダで消えた航空機や船舶のようなミステリアスな存在であり、込み上げる喪失感にいい知れぬ哀愁を感じたものだった。

図1　「バミューダ・トライアングル」とは大西洋西部の三角形の海域

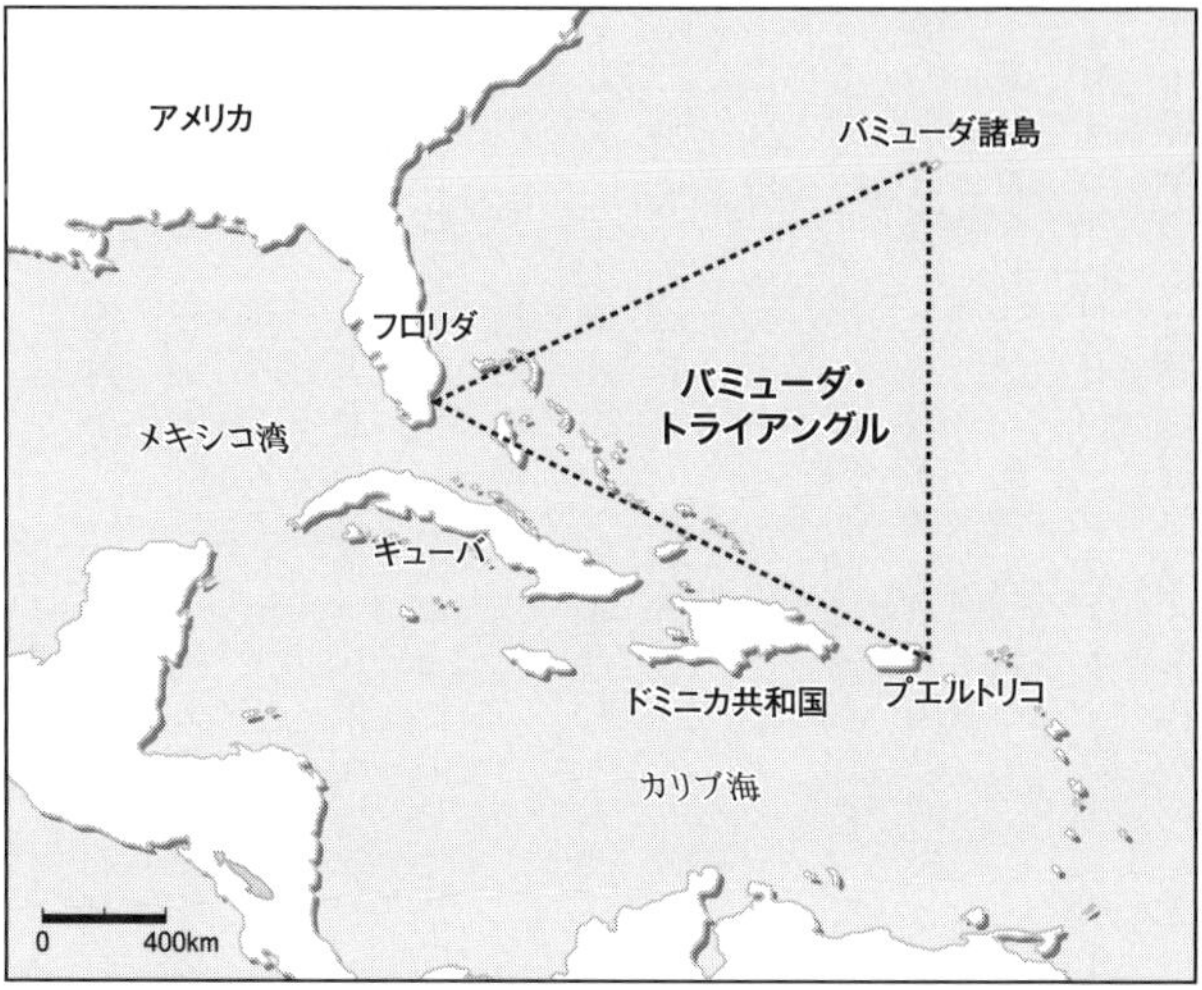

戦後の高度経済成長期に「人間蒸発」という言葉が流行していたのは事実だ。経済成長による生活の激変で自分の居場所を失った人たちが、突如として行方をくらましたといわれていた。今村昌平監督のドキュメンタリー『人間蒸発』（67年）は、本当に行方不明となった人を捜索しようという作品だが、当時小学生だった僕らにとって「人間蒸発」は、時空を超えてやってくる宇宙人の仕業であって、行方不明となった人たちをみつけ出すことは困難に思われた。

バミューダ・トライアングルという言葉が世界で広く知られるきっかけとなったのは、74年に出版されたチャールズ・バーリッツの著書『バミューダ・トライアングル』(邦題『謎のバミューダ海域』徳間書店／75年)であった。

その海域での遭難事件は、19世紀にまで遡る。サルガッスムという海藻が多く生息したことからサルガッソ海と呼ばれ、海藻に船が座礁して遭難事件が相次ぎ、船の墓場、魔の海域ともいわれた。さらにクラーケンと呼ばれる巨大海洋生物などがおり、船舶が襲われて遭難が起きていたとも考えられた。19世紀、フランスの博物学者ピエール・ドニ・モンフォールは、海の怪物クラーケンを大ダコに似せて描いていたが、いまではそれはダイオウイカではなかったかといわれている。

そして、そのサルガッソ海を含む、大西洋の西部、北はバミューダ諸島から南はフロリダ半島に延び、プエルトリコを結んだ三角形の海域がバミューダ・トライアングルと呼ばれることになる。

そこではすでに多数の船舶遭難が起こっていたが、初めての飛行機の遭難となったのが、5機の飛行機による編隊フライト19の消失と、さらに捜索に向かった救援機マーチン・マリナーも行方不明になった事件であった。

1945年12月5日、フォート・ローダデール海軍航空基地を飛び立った5機のアヴェンジャー爆撃機による編隊フライト19が、バミューダ海域でこつ然と姿を消した。同日、フライト19の救助に向かったマーチン・マリナー機も、バミューダ海域で行方不明となった。

アメリカ軍は、空と海からかつてないほど徹底した捜索を行ったが、残骸ひとつ発見できなかった。まるで突如として消失してしまったかのような状況に、多くの関係者たちが肩を落としたことだろう。現在でも、アメリカ海軍に関連したホームページで、フライト19やマリナーの遭難事故に関する記録が閲覧できる。事実、その事件で27名もの人命が失われており、そのリアリティにはあらがうことはできない。

もうひとつ、フライト19の消失から遡ること約30年、１９１８年に起きたＵＳＳサイクロプス米軍給炭艦の遭難事件も、船と同時に３０９人もの人命があとかたもなく消え失せた悲惨なものであった。もし沈没したのだとしても、それだけ大きな船が残骸もなく完全にこの世から消えてなくなってしまうなんて、普通に考えてもアリエナイことである。バミューダ海域では、船舶や飛行機が残骸を残すことなく消滅してしまうこうした事件が多発しているといわれ、このミステリーに世界中が震撼し

バミューダ海域で消失したフライト19

たのだ。

バーリッツは、そんなバミューダ・トライアングルのミステリーをさらにドラマチックに描き出している。遭難の瞬間はコンパスが狂って現在位置を見失い、さらには海面に緑色の怪光を見たという別の事件での証言を引き、時空の歪みに飲み込まれてしまったのではないかという持論へと導いていく。当時、世間的にも注目されていたUFO問題とからめ、バミューダの消失事件を宇宙人の仕業とし、古代文明の秘密やアトランティス大陸の謎にまで話を広げていった。

時空を超えた!? バーリッツが語るフィラデルフィア実験

さらにバーリッツが語るバミューダ海域での消失事件にさらなるインパクトを与えるのが、フィラデルフィア実験である。この米軍の極秘実験は、のちに『フィラデルフィア・エクスペリメント』(84年米公開)として映画化され、世界的な大ヒットとなっている。

それは1943年、フィラデルフィアの海上で駆逐艦エルドリッジに高圧電流による強磁場を発生させることで、船そのものを不可視化しようとしたが、時空の歪みが生じて、船は一時的にバージニアのノーフォーク軍港に姿を現したうえ、乗組員には不幸な後遺症が残ったというものである。のちにそれは、ニコラ・テスラの磁場発生装置を用いて、レーダーからの不可視化や磁気機雷に対する防御を目論んで行われたものではないかともいわれ、その実験でタイムスリップした乗組員を用いた「モントーク・プロジェクト」なる極秘実験についての報告も登場した。

このフィラデルフィア実験は、多くの人たちを魅了するよく出来たストーリーであるが、現在では、それがまったくのフィクションであることがわかっている。

（上）駆逐艦エルドリッジ、（下）テスラ・コイルと呼ばれる磁場発生装置（www.teslasociety.com）

第二次世界大戦中、その実験が行われたといわれるフィラデルフィア海軍工廠には、のちにSF作家として知られることとなるロバート・A・ハインライン、L・スプレイグ・ディ・キャンプ、アイザック・アシモフが働いていた。日々の退屈な労働の合間に、この3人が空想的なヨタ話をしている中で、たまたま生まれた奇怪なストーリーがフィラデルフィア実験であり、それが噂となって、米軍の極秘実験という尾ひれがついて、バーリッツに伝わったのではないかといわれている。

とはいえ、バミューダ・トライアングルの謎は、衝撃のフィラデルフィア実験とともに語られたことで、ますます想像力をかき立てる神秘に包まれたのだった。

バーリッツの暴走ぶりは、75年出版のローレンス・D・クシェ『魔の三角海域』（角川文庫／78年）によって実証的に完全論破されるが、いまだにバミューダ・トライアングルといえば、バーリッツの本が売上、影響力ともに断然優位な立場を守っているから不思議だ。

近年、いまさらにバミューダ・トライアングルの謎をメタンハイドレードで説明しようという話まで登場している。メタンハイドレードとは、低温高圧の深海にある新時代の化石燃料のメタンガスを、水分子が取り込んでできた氷のような物質で、火をつけるとよく燃える。それが何かのきっかけで気化すると、大量のメタンとなって一気に海面に上がり、たくさんの泡を発生させて船などを沈めてしまう「ブローアウト現象」が起こるといわれる。さらに、その海面上空を飛んでいる飛行機の計器にまで影響を与えて墜落させ、海底深くに飲み込んでしまうのではないかというのだ。

そんなことより、この世から物体が突然消えてしまうという恐怖、人間蒸発に似た喪失感こそが、70年代に漂う哀愁とともに、僕らの脳裏にしっかりと焼き付いているのだ。

四次元ですべての怪奇現象を解明できる

四次元という言葉は、昭和40年代生まれの世代にとって、ちょっと特別な響きを持っている。

日本の高度経済成長期に幼少時代を過ごし、69年にはアポロの月面着陸をテレビで観て、70年の大阪万国博覧会では科学技術による明るい未来のビジョンをさんざん見せつけられることになった。四次元という言葉の本当の意味がわかってくるのは、中学生になってからだが、四次元には、未来の科学がオカルティックな怪奇&超常現象を解明してくれるのではないかという期待が込められていた。

ここで、ちょっと四次元というものについて復習しておこう。僕らが生きている現実世界を縦、横、高さがある三次元とするなら、そこに時空を超えてもうひとつの次元が存在し、僕らには知覚できないその領域は四次元といわれた。したがって、その四次元空間を通れば、突然、あるところから消えたものが、また別のところに現れるという現象も理論的にはあり得るのだ。バミューダ・トライアングルの失踪事件も、その原因は四次元だと考えられたことから、多くの議論を呼ぶことになったのである。

物理学における四次元は、アインシュタインの相対性理論に登場するものであった。そこでは、重力とは空間の歪みであり、空間の穴であるブラックホールから吸い込まれたものは別の宇宙に存在するホワイトホールから放出されるとも説明された。

将来、科学者になることを夢見て『子供の科学』(誠文堂新光社)などの子供向け科学雑誌を購読していた人もいるだろう。1921年にアインシュタインが光電効果でノーベル賞を取ったことから、初めてノーベル賞というものの存在を知って、科学への憧れを強くした人もいるかもしれない。世の中全体が、いまよりももっと科学の純粋性と飛躍的な進歩を信じていた時代で、四次元の謎が解明され、コントロールされるようになれば、壮大なる宇宙への旅やテレポーテーションのような瞬間移動、さらには時空を超えたタイムトラベルさえも可能であると考えられた。子供ばかりでなく大人たちでさえ、そんな未来の可能性を漠然と信じていたのである。

また一方で、70年代の日本のオカルトブームにおいて四次元は、超能力、UFO、心霊現象までをも説明する言葉として乱用されることになる。たとえば、子供が神隠しにあって行方不明になったという怪奇現象の解説では、その子供は四次元の穴に落っこちたために消息がわからなくなったとされた。また、突然現れては消えるＵＦＯについても、四次元を通って移動しているからではないかといわれた。

さらには、当時、ソ連や東欧で行われていた超能力についての科学研究が衝撃的に紹介されたときにも、超心理学（パラサイコロジー）が「四次元科学」と訳されて、広く認知された。74年に出版された『四次元図鑑』（池田書店）では、中岡俊哉、清家新一、本山博、橋本健、小田秀人、内田秀男らのオカルト界の重鎮たちが、ＵＦＯ、超能力、心霊現象を四次元で解明してみせていた。そこには、70年代当時の科学信奉とオカルト思想が融合した不思議な未来感が漂っていたのである。

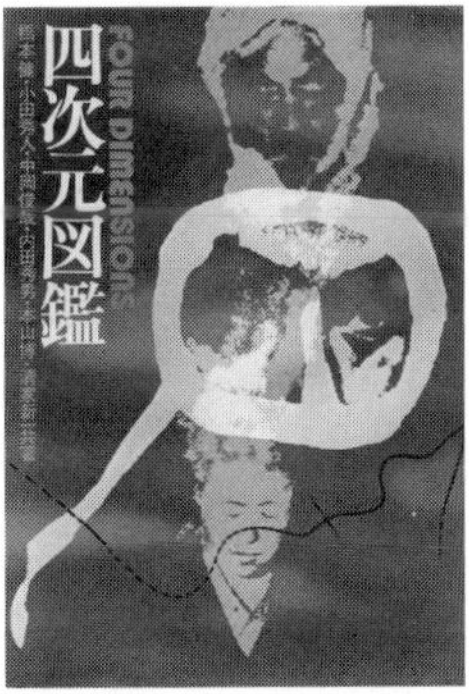

70年代ならではの内容だった『四次元図鑑』

66年放映の初代ウルトラマンに登場する四次元怪獣ブルトン、69年に始まる『ドラえもん』の四次元ポケットなどにみられるように、四次元という言葉に皆がハマったのだ。つまり四次元は、何でも可能にする魔法の言葉としても受け入れられたといっていい。81年にデビューするプロレスラーの初代タイガーマスクによる、四次元殺法を思い起こす人もいるかもしれない。

さて、そんな僕らが、四次元に対してもう一歩踏み込むきっかけとなるのが、74年にテレビ放映が始まった『宇宙戦艦ヤマト』（読売テレビ系）のワープ航法である。それは光よりも速く航行する方法で、アインシュタインの閉じた宇宙模型を例に挙げ、時間軸を飛び越えることだと説明している。それが技術的に本当に可能なのかは別として、実在の科学者や科学理論をベースに、それなりに納得させる説明になっていたところがすごかった。

さらに付け加えるなら、アインシュタインの閉じた宇宙模型は、いまはビッグバンを宇宙の始まりとする膨張する宇宙に置き換えられている。そんな宇宙論の変遷も理解した上で、『宇宙戦艦ヤマト』を振り返るのも楽しい。

ちなみに海外では、66年にアメリカでテレビ放送が開始された『スタートレック』を通じて、ワープ航法のアイデアが広く知られるようになった。『スタートレック』のエンタープライズ号は、船体をワープフィールドで包んで光速を超えるため、船体の前後に時空の歪みが生じるが、船体は保護されることになっていた。

また、59年の怪奇現象を扱うアメリカのテレビドラマ『ミステリーゾーン（原題：トワイライトゾーン）』の冒頭には、「五次元の世界、それは未知の世界」というナレーションがあった。海外では、縦、横、高さ、時間の四次元を日常とした上で、未知の領域を五次元と称することが一般的だった。そこでは、異次元を肯定することは、同時にあらゆる未知の現象を受け入れることになっていたのだ。

ちなみに、１８６５年に出版され、現在も不動の人気を誇る『不思議の国のアリス』は、四次元という言葉こそ出てこないものの、異世界トリップの金字塔である。著者のルイス・キャロルの本業は数学者であり、のちに四次元という言葉で表現されるようになる数学的に不思議な世界を子供向けのファンタジーに組み込んでいた点では、オカルティックな四次元を先取りした小説であったのだ。

科学者たちも探究した四次元の謎

僕らがちゃんと四次元のことが知りたいと思い始めた頃、科学好きの少年だったら誰もが手に取っただろうものが、講談社の科学書シリーズ、ブルーバックスだろう。

特に、物理学を専門とする都筑卓司の『四次元の世界』や『不確定性原理』などは、中学生でも取っ付きやすいところがあった。『巨人の星』の消える魔球にたとえて、「場所と運動量を同時に観測することはできない」というハイゼンベルクの不確定性原理や確率論的な量子力学の考え方を解説し、自然を機械仕掛けの運命論と考える「ラプラスの悪魔」、量子論

（左）1927年ソルベーの第5回物理学会議、（右）アインシュタイン

に従うと箱の中の猫の生死が曖昧になってしまう「シュレディンガーの猫」などについても親切な説明があった。

実際、相対性理論によってニュートン力学を乗り越えていこうとした、アインシュタインに始まる物理学の大変革は、数式だけに頼らず、数々の思考実験で激しい議論が交わされるなど、読み物としてもスリリングであった。

いわゆるガチガチの科学少年でなくとも、アインシュタインの相対性理論という言葉は知っているだろう。光速は一定で、時空が歪んでいるから、ワープによる超高速航法をすることで、瞬時に長距離移動を可能にしているのだ。僕らはワープ航法で相対性理論を知り、ブルーバックスで量子論の基礎となる不確定性原理に触れることができたのだ。

相対性理論が一人の天才の脳みそから生み出されたものだとしたら、不確定性原理は、著名な物理学者たちの激論の末に受容されたものだ。１９２７年、第５回ソルベー物理学会議において、「場所と運動量を同時に測定することはできない」というハイゼンベルクの不確定性原理が議論されることになった。そこでは、物質は確率的にしか予測できないとする量子論の考え方を支持するボーアと、その曖昧さを嫌うアインシュタインとの激しい論争が繰り広げられ、ボーアらのコペンハーゲン学派の主張が大幅に取り入れられて決着した。このことで、不確定性原理に基づく確率論的な未来という考え方が、広く受け入れられるようになっていったのである。

ここで重要なのは、高度な数学的な探究と最先端の物理学によって、僕らが信じている現実というものがいかに曖昧なものであるかが立証されたことである。つまり現実世界には、僕らの感覚や知覚ではとらえられない時空を超えた領域が存在し、僕らが理解できないような不思議な現象は起こり得るものであることが、科学的に立証されたともいえるのだ。

それでも、オカルトは好きだけれど、物理や数学は苦手という人もいるだろう。アインシュタイン以降の感覚を超えた数学的な世界の考え方を受け入れられるかどうか。そういうことに拒否反応を感じて、数学嫌いになってしまった人もいるかもしれない。

しかし、数学的な科学理論によって、テクノロジーの飛躍的な進歩が導かれたことは事実である。特に70年代には、大人でさえ科学の未来を信じていたし、１９６８年公開の『２０

『インターステラー』ブルーレイ ¥2,381＋税／DVD ¥1,429＋税（ワーナー・ブラザース・ホームエンターテイメント）

01年宇宙の旅』で描かれたような未来が訪れるのではないかと考えていた人は、本当に多かった。その映画の終盤に登場するスターゲート通過のシーンは、まさに時空を超える四次元体験だったといえるだろう。

2001年になってみると、SFで描かれたような宇宙時代は来なかったが、80年代のサイバーパンク小説が予想した、バーチャルリアリティの未来が現実のものとなった。四次元空間ならぬサイバー空間を通じて、テレポーテーションならぬ携帯電話を用いて、世界中と瞬時に会話できるようになったのである。

だからこそ、四次元という言葉に込められたノスタルジックな科学信奉とオカルトの夢が、懐かしく思えてならないのだ。

さらに付け加えるならば、2014年のクリストファー・ノーラン監督の映画『インターステラー』だろう。この作品は、主人公のクーパーが地球を救うために宇宙に旅立つが、のちに科学者となる娘マーフとの約束を守るために、時空を超えて娘のもとに帰還し、彼女に宇宙の秘密を教えるというもの。四次元ブームを知る世代が、女性や子供にも共感できるストーリーで最新の物理学に基づく四次元世界を映像化した作品ともいえる。理論物理学者キップ・ソーンが科学コンサルタントを務め、ワームホールという時空のトンネルや超大質量回転ブラックホール近くに発生する時空領域エルゴ球も、高度なＣＧ技術を駆使して再現している。

この作品の登場で、あらためて四次元世界のすごさを確信し、興奮したオカルト好きも多かっただろう。数学的な計算から浮かび上がる量子論の不確定な世界観は、超常現象を説明し得るものとして、これからも形を変えて生き残っていくことだろう。

第四章　ネッシー捜索隊から深海巨大生物へ

世界は謎の生物たちであふれている！

僕らの子供時代、フィクションとノンフィクションの区別はなかった。テレビや雑誌で紹介される謎の生物たちはどれも実在するもので、それが謎なのは、まだ発見されていないからだけである。だから探せば、いつか見つかる。リアルな世界に、ネッシーのような怪獣や雪男のような怪人がいて、当然だった。

いるか、いないかではなく、なぜ見つからないんだろうと思い、もしかしたら自分が探しに行けば見つけられるんじゃないかと、生意気なことさえも考えてしまうのだ。筆者なぞ、朝日ソノラマや秋田書店の図鑑シリーズで見知らぬ昆虫や爬虫類をひも解き、異国の生物たちに見入って、「広い世界には、僕らの知らないことがたくさんあるんだ」と、テレビ番組にありがちなセリフを思い起こし、ブラウン管の向こう側の世界へと大きく夢をふくらませたものだった。

ちなみに、戦後日本で海外旅行が自由化されたのは1964年、その2年後に始まった『すばらしい世界旅行』(日本テレビ系)は、まだ見ぬ未開の地としてのアフリカや南米で、先住民たちが半裸で泣き叫ぶ子供に儀式をほどこす様子などを放送し、僕らに一種のトラウマを植え付けた。

また、パンアメリカン航空の協賛で欧米諸国の紹介も多かった『兼高かおる世界の旅』(TBS系)、75年から始まる科学特集番組『知られざる世界』(日本テレビ系)も、未知なる世界を教えてくれるテレビ番組として、僕らの脳裏に焼き付いて離れない。アマゾン川、ジャングル、エジプトのミイラなど、世界の謎を求めて繰り広げられる旅の延長線上に、ネッシーや雪男の捜索隊もあった。謎の生物たちを追う以前に、当時、世界は珍しいものにあふれていた。そんな気持ちは、大人たちも同じだったろう。

ネッシーや雪男は、日本独自のUMA(ユーマ=アンアイデンティファイド・ミステリアス・アニマル)という呼び名が広まる以前には、オカルトのジャンルというよりも、世界の謎のひとつとして、もうすぐ発見されるんじゃないかと常に好奇心をかき立てられる対象だった。UMAという呼び名を南山宏が発案したのは、1976年といわれるが、それが普及したのは、もっとずっとあとだろう。

海外では、謎の生物たちは「クリプティッド（Cryptid）」、それについての研究は「クリプトゾーロジー（Cryptozoology）」と呼ばれてきた。そこにはもう少し生物学的な響きがあるが、日本のUMAは妖怪に似た、いるか、いないか、はっきりしないむずがゆさがあるのだ。

1903年、アフリカの奥地に住む架空の動物といわれていた大型類人猿ゴリラが発見され、1938年には、白亜紀（約6500万年前）に絶滅したと思われていた古代魚シーラカンスが、南アフリカの北東海岸沖チャムルナ河口で生きた化石として発見された。みつかってしまえば当たり前のように扱われている生物たちも、発見されるまでには、紆余曲折があったはずなのだ。

生きた化石シーラカンスの衝撃

1938年12月22日に発見されたシーラカンスのニュースは、当時の世界を大いに驚かせた。その古代魚は、3億5000万年前の古生代デボン紀には生息し、6500万年前の中生代白亜紀に絶滅しているはずだったが、南アフリカの北東海岸沖チャムルナ河口で発見されたのだ。その第一発見者となったのは、当時、南アフリカのイーストロンドン博物館の学芸員であったマジョリー・コートニー＝ラティマー女史であった。

地元の漁師が珍しい魚を網にかけたという知らせを聞き、彼女が港に向かってみると、1・5メートルはある見たことのない、青い不思議な魚があった。それが世紀の大発見となる貴重な古代魚であることを鑑定したのは、南アフリカ・ローズ大学の魚類学者J・L・B・スミスである。その魚が、生きる古代魚シーラカンスであることが大々的に報じられると、世界中でさらなる未確認生物の発見に期待が高まったというわけだ。

2匹目のシーラカンスとJ・L・B・スミス

鑑定者として名を上げたJ・L・B・スミスにとって、本当の苦労はそれからだったという。なんとしても2匹目のシーラカンスを捕まえようと高額な懸賞金をかけたにもかかわらず、2匹目が発見されたのは1952年で、14年もの歳月を必要としたのだ。それが釣れたのは、最初に発見されたチャムルナ河口からは北に3000キロも離れた、コモロ諸島ヌズワニ島沖であった。

コモロ諸島は、アフリカ大陸とマダガスカル島に挟まれ、インド洋に臨む4つの火山島からなる。現在ではコモロ諸島のほか、インドネシアのスラウェシ島付近でも別の種類のシーラカンスがみつかり、これまでに捕獲されたシーラカンスは約200匹にのぼる。最近では、コモロ諸島の海底で、生きたシーラカンスの生態を小型潜水艇で撮影することにも成功している。

日本では、静岡県にある沼津港深海水族館が、5匹ものシーラカンスの標本を入手している。1979年に、日本のシーラカンス学術調査隊がコモロ諸島に赴き、現地との協力のもとに捕獲したという。91年のワシントン条約改定によって、いまではシーラカンスの国外持ち出しが禁止されているが、それ以前に日本に持ち込まれた個体であるため展示が可能になっている。

とにかく、当時、シーラカンスが発見されたことは驚くべきことであった。まさに恐竜の時代の生物が、現代においても生きているという証となったのだ。1938年以降、ネッシーやイエティなどの捜索が大いに盛んになるのは、シーラカンス発見に励まされ、絶滅したであろう古代の生物がまだ生き残っているのではないかというロマンを大いにかき立てられたからである。

ネッシー捜索隊、現る

シーラカンス発見から遡ること数年の1934年、ネッシーは、湖面から首をひょっこりと飛び出させた通称「外科医の写真」がイギリスのデイリーメール紙で大きく報道されたことから、世界的に知られるようになった。ネス湖は、スコットランド北部に位置するイギリス最大の淡水湖。1930年代、ネス湖につながる道路が整備されると、ネッシーのニュースは、観光地として栄え始めたネス湖を世界的な有名スポットにまで押し上げた。

その当時、シーラカンスの発見もあり、恐竜時代の生物がいまも生きているのではないかという期待が高まっていた。「外科医の写真」とは、外科医とされたロバート・ケネス・ウィルソンが撮影したといわれ、医師が撮ったという理由から信憑性が高いとされた。その写真から想像されるネッシーの全身像は、首が長く、脚はヒレが4つ、プレシオサウルスを想起させるものだった。プレシオサウルスとは、ジュラ紀前期に栄えた大型

ネッシーのイメージを決定づけた「外科医の写真」

水生爬虫類の首長竜目、その大きさは全長2〜5メートルと考えられた。

ネッシーに関しては、本格的な科学調査が幾度も行われ、そのたびにニュースを賑わせてきた。1970年、シカゴ大学のロイ・マッカル博士が徹底した調査を行い、それに続く72年と75年には、ロバート・ライズ博士がさらに大規模な調査を行った。ライズ博士率いるボストン応用科学アカデミーは、ソナー（超音波探信儀）による湖底探査と水中カメラによって、ネッシーらしき生物の撮影に成功し、大きな話題となった。

そして、日本においてネッシーブームが仕掛けられるのが、オカルト旋風が吹き荒れるきっかけとなった1973年。『石原慎太郎の国際ネッシー探検隊』と題された日本テレビ系の特番が放送されたのだ。当時、すでに人気小説家から政治家へと転じていた石原慎太郎が探検隊を率いて、ネッシー捜索に挑んだのである。

番組のディレクターはのちにUFO専門家として名を馳せる矢追純一、プロデューサーは猪木対アリの異種格闘技戦、オリバー君騒動の仕掛人で知られる康芳夫という伝説的ともいえる組み合わせだった。番組放送の前年、72年には日中国交正常化でパンダが上野動物園にやってきて、一日に数万人の観客が押し寄せるパンダフィーバーが巻き起こっていた。それに続けといわんばかりに、ネッシーブームが仕掛けられたというわけだ。

とはいえ、すでに日本の政治家であった人物がイギリスの国民的な人気を誇る貴重な古代生物を生け捕りにしようとやってきたことに関しては、せっかくの観光資源を台無しにされるのではないかと、地元での評判もいいとはいえなかったようだ。

それでも捜索隊というスタイルは、テレビ番組において視聴者の関心を大きく引くものとなった。76年には矢追自身がネッシー捜索隊を再編して、水中カメラを用いてその撮影に挑んでいる。そのようなスタイルは、77年に始まるテレビ朝日系の『川口浩探検隊シリーズ』にも大きな影響を及ぼしている。

康芳夫は、もともと、ロシアのボリショイ・サーカスを大成功させた呼び屋の神彰《じんあきら》のもとで頭角を現し、数々のお騒がせを仕掛けてきた人物である。資本のある広告代理店がプロモーターを務めるようになる以前、アイデアに富んだ個人が一か八かでトンデモないことを仕掛けて、それこそ一山当てていたのだ。康芳夫は、そんな見世物的な手法を黎明期のテレビに大胆に持ち込んでいた。

そんな康のいかがわしさを象徴するトンデモな企画が、オリバー君だろう。それは未確認生物でもなんでもない、芸達者なチンパンジーなのだが、日本中が「嘘だろうっ」と思いながらも、ダマされることを楽しんだ。

日本の漁船が引き揚げたニューネッシー

康は、当時アメリカで話題となっていたオリバー君を、その染色体が47本（人間は46本、チンパンジーは48本）であると吹聴して日本に呼び寄せ、わざわざ飛行機の客席に乗せたり高級ホテルに宿泊させたりと、人間のように扱ってはマスコミを煽ったのだ。ちなみに、オリバー君の染色体は正しくは48本であることが判明し、帰国後はチンパンジーとして幾度か転売された後、２０１２年に死亡している。

もうひとつ、当時の日本を震撼させた大事件が、ニューネッシーである。１９７７年４月25日、日本の遠洋トロール船、瑞洋丸がニュージーランド沖で、全長10メートルのネッシーのような姿をした巨大な生物の死骸を引き揚げた。死後１カ月で、強烈な異臭のために破棄されたが、写真や骨格の測定図、ヒレ先などが持ち帰られ、この謎の死骸は「ニューネッシー」と呼ばれることになる。

筆者も、小学校高学年の頃、新聞の朝刊でニューネッシーの第一報を見たときには、「やっぱりいた！」と思わずガッツポーズを決めてしまった記憶がある。その後の調査で腐乱したウバザメの死体ではないかとされたが、いまでも謎の生物の死骸であったろうと考えている人は多い。

再びネス湖に話を戻そう。93年、死の間際にある老人が「外科医の写真」は偽物と証言し、それまでのネッシー神話が大きく揺らぐことになった。また、度重なる科学調査の結果、ネス湖のように水の透明度が低くてプランクトンが少ない環境で、巨大生物が存在するということはあり得ないという見方が支配的になっていった。目撃例の多くは、強風で発生した波を、ネッシーの背中から肩にかけてのラインと誤認したものではないかという説明もされている。

それでもなお、ネッシーが僕らに与えたインパクトは強烈で、まさにリアル怪獣というべき存在として、どこかに生きていて欲しいと願ってしまう。それは、ニューネッシーのように海から偶然に発見されることになろうとも何の問題もない。それほどに、ネッシーのイメージは僕らの心の中に入り込んでしまっていたのだ。

イエティの体毛が発見された

2011年、ロシアの西シベリア、ケメロヴォ州にあるアザス洞窟で、イエティの体毛が発見されたというニュースが世界を駆け巡った。同年、ケメロヴォ州では国際イエティ会議が開催され、世界中から集まった研究者たちが洞窟を調査し、体毛を採取した。その体毛は、アメリカやロシアの研究者の鑑定の結果、未知の霊長類のものである可能性が高いといわれている。雪男伝説はまだまだ終わっていないのだ。

もともと、世界的に雪男の生存への期待が高まったのは、1951年、エベレスト登頂を目指す登山家エリック・シプトンがイエティの足跡写真を公開したことからだった。彼は、相棒のマイケル・ウォードとエベレスト遠征の帰りに、チベット・ネパール間の海抜6000メートルほどのメンルング氷海を進んでいたときに、幅32センチ、長さ45センチの足跡を発見したのだ。その足跡が比較的に新しいものであったため、イエティの存在を裏付ける証拠とされたのだ。

イエティとは、チベット語で「魔物」を意味した。現地では古くからイエティ神話が残っており、それまでも地元のポーターたちがイエティとの遭遇談を語ることは珍しいことではなかったという。だが、イエティ捜索が活発になるのは、シプトンの足跡写真をきっかけとして、イエティが実在する生物として認識されるようになってからだった。

1954年には、イギリスのデイリーメール紙後援による捜索隊が派遣され、続く57年からは3回にわたり、アメリカの探検隊がトム・スリック、F・カークという大事業家の出資でヒマラヤに挑んだ。60年には、ニュージーランドのエドモンド・ヒラリーが1年におよぶ大々的な捜索を行っている。それぞれの探検隊は、現地で祀られていたイエティの頭皮とされるものなどを貸与され、本国や欧米の研究機関で科学的に調査している。しかし、結局、それらは鹿やヒグマのものとされた。

それでも、シプトンの足跡写真の魔力に導かれるように、イエティの存在を信じ、捜索に向かう者たちは続いた。１９５９年、東大の小川鼎三《ていぞう》を中心とした日本の雪男研究グループが、毎日新聞の出資のもと、捜索隊として現地に向かった。その年はヒマラヤにほとんど雪が降らず、イエティはみつからなかったが、その帰路に、ガンジス川でまだ珍しかったカワイルカの研究を行い、成果をあげて帰国したという逸話を残した。

シプトン撮影のイエティの足跡

その後も、何人もの日本人登山家がイエティ捜索に挑戦している。中でも、根深誠は長年にわたる調査を経て、２０１２年に『イエティ

パターソン・フィルムのビッグフット

ヒマラヤ最後の謎「雪男」の真実』（山と渓谷社）を著したが、イエティはヒグマであると結論を下し、イエティを信じる者たちからの反発を買った。

一方で、１９７４年にフィリピンで残留日本兵であった小野田寛郎を救出し、著書『大放浪』（文藝春秋のちに朝日文庫）で知られる鈴木紀夫は、75年にヒマラヤで5頭のイエティを見たことからのめり込み、幾度もヒマラヤ捜索に挑んで、１９８６年に行方不明となっている。そんな鈴木の意を継いだ高橋好輝は、03年、08年とイエティ捜索隊を組み、自動シャッターカメラを仕掛けてイエティの姿を写真に収めようとした。その隊員の一人であった角幡唯介は『雪男は向こうからやって来た』（集英社／11年）を著して、いるか、いないかといった実在論を超えたイエティの魅力について語り、好評を得ている。それはオカルティックなもの全般にもいえることであろう。

一方、北米大陸では、ロッキー山脈などに巨大獣人ビッグフットがいるのではないかとされてきた。確かにカナダでは、サスカッチと呼ばれ、ネイティブたちの古い伝承の中に残っている。なんといってもビッグフットを世界的に有名にしたのは、テレビでよく放送された「パターソン・フィルム」である。１９６７年、カリフォルニア州ブラフクリークの山道で、ロジャー・パターソンとその相棒のふたりが、身長約２メートル、ゴリラのように毛むくじゃらで二足で歩行するビッグフットを撮影したのだ。両手を大きくふりながら、途中でこちらに振り返る姿は印象的で、これこそが、ビッグフット存在の有力な証拠とされてきた。

ブラフクリークでは、もともと１９５８年に、道路工事をしていた作業員ジョン・グリーンがビッグフットを目撃し、その足形を石膏で取って、メディアを賑わせていた。50年代というタイミングに、シプトンがイエティの足跡写真を撮影して大きな話題となっていたこととの連鎖を感じないわけにはいかない。また１９８２年には、オレゴン州ブルー山脈のワラワラの森で、警備員のポール・フリーマンが目撃して、足形を取り、ビッグフット騒動を再燃させた。

だが、ビッグフットに関しては２００５年、「パターソン・フィルム」で着ぐるみに入っていたと証言する人物が登場している。さらに、重要証拠といわれていた足形も捏造の可能性が高く、現在では、ビッグフットの存在の可能性は大きく揺らいでいる。

それでも、謎の生物はその実在性より、信じる人たちがいるかどうかこそがロマンだろう。

ネットの時代だからこそ、いまだ謎の生物の存在を疑わない未踏の地が世界のどこかに残っていることを知り、空想とリアルの狭間を生きていた僕らの子供時代を思うのだ。

世界の辺境であるロシアのケメロヴォ州から、さらなるイエティ捜索の続報を待っている人たちは意外と多いことだろう。そこにはまだ、イエティの存在を信じている人たちが確かに実在するのだから。

逃げろツチノコ

日本のUMAの筆頭として、いまなお、強烈な存在感を保ち続けているのが、ツチノコだろう。ツチノコとは、胴体が異様に太い姿をしたヘビのような生き物とされ、『古事記』では「野の神」としてその表記があるほか、長野県茅野市の尖石考古館には、縄文土器で縁飾りに胴の太いヘビの造形が施されたものがある。

もともと日本には、古くから伝わるヘビ信仰が残されており、しめ縄や縄文土器の紋様も、すべてヘビを象徴しているのではないかともいわれている。そういう意味ではツチノコは、自然を象徴する神、あるいは妖怪に近い存在として古くから各地の伝承の中に生き続けていたものといえるかもしれない。

そんなツチノコが、僕らがイメージするような謎の生物として蘇ったのは、『釣りキチ三平』で知られる矢口高雄の漫画『幻の怪蛇バチヘビ』（『週刊少年マガジン』掲載／73年）からだろう。ちなみにバチヘビとは、矢口の地元である秋田方面での呼び名で、ノヅチ、ツチヘビ、ツチンボなど、ツチノコには地方によってさまざまな呼び名があった。体長は約50センチ、胴回り約15センチ、ビール瓶のような体で約2メートルも飛び跳ね、牙《きば》と猛毒とを持つといわれる。それが、矢口の漫画をきっかけに、のちにツチノコとして日本中に広く知られるようになっていったのである。

さらに現代のツチノコの源泉を辿るなら、釣りを愛した随筆家・山本素石が1959年、山釣りの際にツチノコを目撃し、その後、釣り仲間とツチノコの捜索隊を始めたことにある。山本らの捜索隊はノータリンクラブと名乗り、1963年には西武百貨店がスポンサーとなったことから、賞金付きの手配書を配布して、その知名度を上げた。さらに、1972年には、ツチノコ捜索に没頭した山本をモデルに、田辺聖子が小説『すべってころんで』を朝日新聞に連載、翌年にはＮＨＫでテレビドラマ化され、ツチノコという名称が広く定着するようになる。しかし山本素石は、ブーム真っ最中の73年に自身のツチノコ捜索を打ち切り、誰にも捕まってくれるなと言い放って、加熱しすぎたブームに対して苦言を呈した。その一連の騒動については、山本自身の著作『逃げろツチノコ』（二見書房のちに完本として筑摩書房／73年、96年）に詳しい。それでも、当時子供であった僕らにとって、矢口が描いた〝バチヘビ〟こそが、ツチノコの初体験であったことは間違いない。

山本素石『逃げろツチノコ』

ツチノコブームは、その捕獲に賞金がかかることで、たびたび盛り上がってきた。平成になってからのブームでは、村おこしの観光資源として注目され、過去に目撃例が多かった奈良県下北山村にはツチノコ共和国、岐阜県東白川村にはツチノコ館などが作られた。ツチノコ捕獲の最高賞金は2億円にまで跳ね上がったこともあり、ツチノコの魅力に取り憑かれる人はいまも多い。

それでも、いまだ写真にさえ収められたことのないツチノコ。古い歴史をひもとくと、河童や天狗に似た存在であり、現代における目撃例は、小動物を飲み込んだマムシ、マツカサトカゲや外来種アオジタトカゲの見間違えともいわれる。２０００年、岡山県吉井村でツチノコらしい死骸がみつかって騒ぎになったが、専門家の鑑定でヤマカガシとされた。

ツチノコは実在するのか、しないのか。その存在はネッシーや雪男に似て、捜索隊の結成によってある種の実態を持ち、それでいて真面目に探せば探すほど遠のいていく。まさにそれこそが、日本でいうところのＵＭＡというイメージを体現しているようだ。「ツチノコよ、捕まるな、逃げろ逃げろ」という山本素石の言葉は、すでにその真実をついていたように思うのだ。

ダイオウイカは海の怪物クラーケン

２０１２年、日本の研究チームがダイオウイカを生きている状態で撮影することに成功したというニュースに、日本中が色めき立った。ダイオウイカといえば、最大で18メートルもあるリアルモンスター。深海に生息し、その生態についてはいまでもわからないことが多い。まさに世界中がびっくりするような快挙に、ＵＭＡファンでも心動かされた人は多かったのではないか。

実のところ、ダイオウイカは過去においては、海の怪物クラーケンと呼ばれて恐れられた立派な未確認生物だった。その大きさや外観のインパクトは、まさに特撮の怪獣を実体化したような迫力で、誰もが興味をそそられる人気者であったのだ。

ダイオウイカあるいはクラーケンについては、古くは15世紀から海の怪物として記述が残

ピエール・ド・モンフォールが描いたクラーケン

っていたが、長らくほかの伝説上の生物、海蛇シーサーペントなどと混同されてきた。

クラーケンとしての信憑性が高い最初の目撃談といわれるものに、18世紀の終わり、ヤン・マグヌス・デンス船長のデンマークの船が、西アフリカの沖で停泊していたときの出来事がある。デンス船長が船員たちに船の清掃を命じていたところ、突然、巨大な怪物が現れ、2本の腕で2人の船員を捕え、海に引きずり込んでしまった。そして、3本目の腕がもうひとりの船員を捕えたところで、仲間が怪物の腕を叩き切って救出したのだという。彼らは怪物を銛《もり》で仕留めようとしたが、海の中に姿を消してしまった。

結局、海に引き込まれた2人の船員の遺体は見つからず、救出した船員も間もなく息を引き取った。ヤン船長は、叩き切った怪物の腕は先端が尖っており、長さは約7・5メートル、大きな吸盤が多数あったと報告した。腕の大きさから考えて、怪物は10～12メートルあったのではないかとされた。

これは、海の怪物クラーケンに関する有名な話のひとつだが、当時にあっても、そんなに大きく凶暴な海の怪物が実在するとは信じられなかった。だが、デンス船長の話を信じて調査したのが、フランスの博物学者ピエール・ド・モンフォールであった。１８０１年、モンフォールは、クラーケンをオオダコに似せて絵に描いたことから、その実在性が認識されるようになっていく。

その後、巨大なイカではないかという証言が多く寄せられることになるが、生きたクラーケンをしっかりと観察できたという人はいなかった。ほとんどのケースは、打ち上げられた巨大な腐乱死体、マッコウクジラに喰われたときに千切れたカラダの一部、あるいはマッコウクジラの表面に残された大きな吸盤の跡から、巨大なイカの存在が予測されていたにすぎなかった。

１８５４年、デンマークの動物学者ヤペトゥス・ステーントルプは、それは単なる大きなイカではなく、独自の種であると主張して、イカの王の中の王としてダイオウイカと名付けた。さらに１８７３年、カナダ最東部のニューファンドランド沖に、死んだばかりのダイオウイカがいくつか漂着して、綺麗な標本がかなりの数集められている。また１８６１年、カナリア諸島沖でフランス軍艦がクラーケンを大砲で攻撃した話が話題となり、作家ジュール・ヴェルヌが執筆中であった『海底二万里』（原書1870年、初邦訳岩波少年文庫／1956年）に、ネモ船長が乗った潜水艦ノーチラス号と巨大イカの対決のシーンを書き加えて、大ヒットさせる。このことでダイオウイカというものが、世界中の人々の脳裏にしっかりと刻み込まれることになるのだ。

本当に大量の黒い墨を吐いて、海を真っ黒に染めるのか。その長い触手を巻きつけて、船舶を沈没させたりするのか。その生態についてはよくわかっていないことが多い。だからこそ、21世紀になってダイオウイカの生きた姿をカメラが捉えることができたことは、ジュール・ヴェルヌの名作で海の怪獣に対する妄想を膨らましてきた欧米人にとっては、非常に驚くべき大事件だったのだ。

また、クラーケン伝説に付け加えるなら、昔から船舶の遭難事件が海の怪物によるものと噂されることは多々あった。海の墓場といわれたサルガッソ海で船の遭難が多いのも、怪物クラーケンによるものともいわれ、その海域はのちにバミューダ・トライアングルと呼ばれる魔の三角海域に含まれることになった。

いまでは、サルガッソ海での遭難の原因はサルガッスムという海藻の大量発生であることがわかっているが、同じ海域が、それぞれの時代に異なる怪奇現象の舞台として語り継がれてきたことは興味深い。

ダイオウイカを追え!!

さて、ここで足早にダイオウイカ・フィーバーの全貌を見ていこう。

２０１２年、実際に世界で初めて生きたダイオウイカの撮影に成功したのはＮＨＫ取材班と海洋生物学者・窪寺恒己《くぼでらつねみ》博士、ニュージーランドのスティーブ・オーシェー博士、発光生物を研究するエディス・ウェダー博士らであった。

ちなみに、それを遡ること8年前の２００４年に、窪寺博士はＮＨＫ取材班とダイオウイカの追跡を始め、２００６年には、ダイオウイカが縦縄にかかり海面まで上がってきているところも撮影している。だが、深海に生きるダイオウイカのそのままの姿をカメラに収めることこそが重要だった。２００９年に始まる3年計画で、ダイオウイカ撮影のための努力が続けられたが、その目的が果たされないまま、もう予算は尽きるかもしれないという危機感に晒されていた。

だが、奇跡は起こった。ダイオウイカの撮影映像は、３人乗りで１０００メートルまで潜れるアメリカ製の深海潜水艇トライトンなどを用いて、１００回以上、４００時間ともいわ

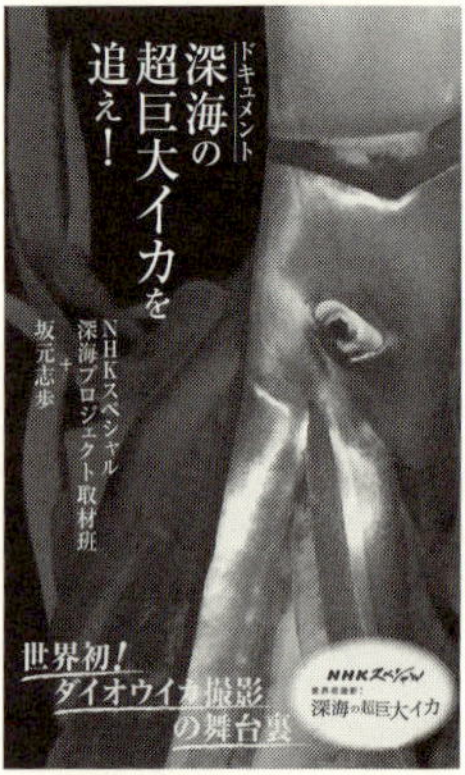

『ドキュメント　深海の超巨大イカを追え！』（光文社新書）

れる挑戦の末に実現した奇跡の23分間だった。水深630メートル付近、NHKが開発した深海用超高感度ハイビジョン新型EMCCDカメラが、本来は真っ暗闇である深海の世界を弱い光だけで鮮明に映し出したのである。

その決定的映像は、様々な形で誰もが観ていることだろう。おとりに使った1メートルもあるソデイカにつられてやってきたダイオウイカは、銀色に輝き、大きな目玉はまるでこちらを見ているようである。

ダイオウイカ撮影成功のニュースは、日本以上に、世界中で大きな衝撃とともに受け入れられ、特に欧米人にとっては、500年以上にわたって謎であった未知の怪物クラーケンの本当の姿が、ダイオウイカとしてカメラに映し出された瞬間だったのである。

深海生物が宇宙生物に近い理由

ダイオウイカに限らず、ここ数年で深海調査が著しく進んでおり、UMAもびっくりの深海生物たちが次々と登場している。

まず、驚くべきは、アンコウの仲間たち、チョウチンアンコウやホウライエソなどの醜い形相は、古代魚の名残といっていい。６５００万年前に絶滅したはずのシーラカンスも深海に生きていた。深海生物の魅力のひとつは、絶命したはずの先祖に近い生物に出会えるという感動だろう。また、世界で最も醜い生物に選ばれたブロブフィッシュも凄まじい。「まるでやる気のないオッサン」と評されても、その姿を見たことがなければ想像のつかないような異様さなのだ。カラダはゼラチン質でブヨブヨしており、この世のものとは思えない外観にシビレる。

怪獣度合いでダントツの人気といえば、深海底に住むフナムシの仲間で、世界最大の等脚類ダイオウグソクムシ。全長40センチ、海底にとどまってほとんど動かず、エサもあまり食べないという。その生態のメカニズムはまったくの謎のままなのだ。

最近になって発見された深海生物の中で、宇宙生物にしか見えないような驚きの形状をしているのが、コンドロクラディア・リラ。肉食性の海綿動物で、ハープのような多数の枝を持ち、その枝に付着した小さな甲殻類などをエサとしている。２０００年に発見され、カリフォルニア沖の水深約３３００メートルにいくつも生息していることがわかっている。

さらに深海の謎を体現しているというべき奇怪さを持つのが、化学合成生物スケーリーフ

ダイオウグソクムシ

ット（ウロコフネタマガイ）。2001年、日本の深海調査によって、インド洋の水深2500メートル付近の熱水噴出孔に生息しているところを発見された。4〜5センチ程度の巻貝だが、硫化鉄のウロコをまとい、磁石にくっつくという珍しい生物だ。熱水噴出孔から出る硫化水素から硫黄を取り出す細菌を共生させ、熱水中の鉄分と反応させて硫化鉄を作り出しているという。まるで地球上の生き物とは思えない、化学合成で栄養を作り出す未知の生命体なのだ。

　深海のような、ある種限界的な環境での生命活動を探ることは、バクテリアなどの微生物から生命誕生の謎に迫ることに似ているという。光も空気もない状態で生命活動が可能なのかという問いは、生命の起源は宇宙にあるという「パンスペルミア仮説」の立証にもつながると訴える研究者もいる。深海生物の研究から、いままでの生物学がひっくり返るような発見がなされる可能性は大いにあるということなのだ。

　近年、海底資源調査に伴い、新種の深海生物が数多く発見されているが、国家間の地下資源争奪戦があればなおさらのこと、深海でこそ、常識を覆すような信じられない生物の発見が起こり得るかもしれない。ダイオウイカさえも超えるウルトラ級の新ＵＭＡの登場に期待大、深海生物からは、まだまだ目が離せないのだ。

メガロドンは生きていた⁉

４００万年前に絶滅したはずの人喰いザメで、史上最大全長が15メートル以上もあるといわれるメガロドンが、現在も生存しているのではないかという話がある。メガロドンは単なる巨大なサメではない。恐竜の時代に絶滅したはずの巨大古代魚で、大きさはダイオウイカを凌ぎ、クジラをエサとする桁違いのスケールのＵＭＡなのだ。

動物パニック映画の名作『ジョーズ』（75年）以来、人食いザメは、いるか、いないか、という実在論を超え、僕らの気持ちをざわつかせてくれるものだ。謎の人食い巨大ザメといわれるメガロドンには、そこはかとない僕らのＵＭＡへの夢と憧れが託されている。つまり、「現れよ、メガロドン！　僕らはおまえが生きていることを信じているぞ！」という心の叫びが投影されているのだ。

有名な目撃事件のひとつに、レイチェル・コーエン号事件がある。１９５４年春、オーストラリアの帆船レイチェル・コーエン号は、不意な嵐に遭遇して、困り果てていた。すでにあたりは暗くなっており、このまま遭難してしまうのではないかという恐怖が船長をはじめ、船員たちの表情を険しくさせていた。そんなとき、「ドーンッ」と何か巨大なものとぶつかったような大きな音と振動が襲った。まるで巨大な岩にでも激突したような衝撃であったという。もはやこれまでかと思われたが、船は無事であった。

だが、船員たちが身震いしたのは、翌朝、レイチェル・コーエン号がアデレード港に寄港してからのこと。嵐のためにみるからにボロボロになった船には、その底の方にかけて、ひとつが10〜15センチくらいの歯型が、直径2メートルくらいのサメの口の形になるように刻まれていたのだ。そして、さらに船体に突き刺さる巨大なサメの歯が発見された。その大きさは10センチ程度、噛み付かれた跡の直径は2メートルで、サメの大きさは全長24メートルと予想されたのである。

もちろん、その歯型はサメにしては大きすぎる。ならば、絶滅したはずの巨大ザメ、メガロドンではないか。この事件は、メガロドンは実在したといわれる重要な目撃例となったのだ。

メガロドンとは、2500万年前から400万年前に世界中の海に生息していた巨大な古代魚で、サメの先祖にあたる。体長10〜15メートル、体重40トン以上と考えられ、普通のサメが体長5メートル、体重1トンくらいとすると、重さにしてその40倍にも達する。その破格な大きさを理解してもらえるだろうか。もし、大海原でそんな巨大な生物にいきなり遭遇したら、人間なんてひとたまりもない。

メガロドンの正式な学名はカルカロドン・メガロドン、和名はムカシオオホホジロザメ。現存するホホジロザメと同種なため、三角形の歯は、その大きさを除けば同じ形をしている。実際、メガロドン級の大きなサメの歯の化石は、日本を含む世界各地で発見されており、太古の時代には世界中の海を制覇していたのではないかと考えられる。だが、そんなメガロドンは、恐竜たちとともに絶滅していたはずだった。

スティーヴ・オルテン『メガロドン』

１９１８年、オーストラリアのポートスティーブンス沖で、もうひとつの目撃例といわれる事件が発生している。そこで漁師たちはロブスターを獲っていた。すると、30メートルもの大きさの巨大な真っ白な物体が近付いてきたという。その大きさの報告が正しいかどうかは定かではないが、漁師たちはとにかく巨大なサメに遭遇し、獲ったばかりのロブスターが入った直径1メートルもある巨大なカゴをそのまま食べられてしまったと証言したのだ。

彼らは恐怖のあまり、目撃したものを正確に伝えられなくなったのかもしれない。それでも、クジラを見慣れた漁師たちが、その後ロブスター漁に行くことを拒むようになったことから、彼らの証言を疑うものはいなかった。この事件をきっかけに、漁師たちの間では、巨大な人食いザメ、メガロドンはまだ生きていると語られるようになった。

オーストラリアの海洋生物学者デイヴィッド・スタッドは、1963年に出版した『Sharks and Rays of Australian Seas（オーストラリアの海のサメとエイ）』の中で、1918年のメガロドンの目撃例を紹介している。また1927年には、著名な冒険小説家で大物釣り（ビッグゲーム）の釣り師としても知られるゼイン・グレイが、タヒチのランギロア島沖で巨大ザメに遭遇している。グレイは「自分が乗っていた船よりもデカかった。巨大なホホジロザメのようだったが、絶滅したはずのメガロドンかもしれない」と証言した。当時の人気作家であったグレイの目撃談は、漁師や釣り仲間だけでなく、広く世間に知られるようになった。

さらにもうひとつ、メガロドン生存説の裏付けとなっているのが歯の化石だ。実際のところ、メガロドンの歯の化石は世界中でみつかっており、珍しいものではない。だが、サメはエイと同じく体全体が軟骨で出来ている軟骨魚目に属し、歯しか化石として残らない。そのため長い間、それがサメの歯であるとは想像が及ばず、日本では「天狗の爪」、ヨーロッパでは「竜の舌」と呼ばれていた。17世紀になってやっと、ニコラウス・ステノがそれがサメの歯であることを指摘したのであった。

時代は下って、化石収集を趣味とする好事家たちが現れるようになった頃、その中でも「メガロドン・ハンター」と呼ばれるメガロドンの歯の化石に特化して収集を続ける物好きな連中がいた。

世界的にも最も有名な収集家として知られ、「メガロドン・マン」とも呼ばれたヴォト・ベルトゥッチは、長年にわたって、世界最大級の歯の化石の収集にあたり、直径3メートルに達する世界最大の顎骨標本を作り上げていた。この顎骨標本から推測されるメガロドンの大きさは、全長20メートルを超え、その生存への期待を高めることになったのである。

さらに、南太平洋で約1万年前ともいわれるメガロドンの歯が発見され、その生存説を後押しした。ベルトゥッチは、古くて大きな歯を探すために、危険の伴う海底発掘を自ら行っ

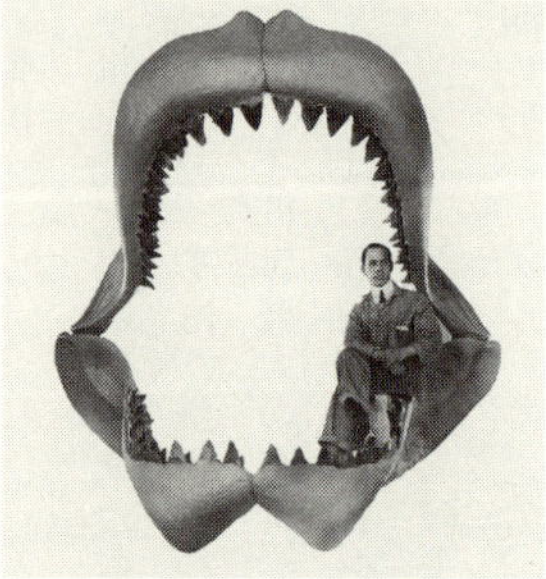

バシュフォード・ディーンのメガロドンの顎骨標本（1909年）

たことで、悲願の巨大ザメの歯型の再現を達成できたのであった。

２００４年、ベルトゥッチは不幸にも交通事故で亡くなったが、彼が残したメガロドンの顎骨標本のインパクトは、日本にまで及んでいる。現在では、埼玉県自然史博物館や京急油壺マリンパークなどに同様のメガロドンの歯型の模型が展示されて人気となっているのだ。

なぜ、古代に繁栄したはずのメガロドンは絶滅したのだろうか。そもそも古代魚たちは皆、全長15メートル超えが普通だった。つまり、恐竜の時代に生きていたからこそメガロドンもデカかったといえる。メガロドンが登場するのは、２５００万年前。クジラの大繁殖した時期に、それを捕食する存在として世界に広がり、君臨したというわけである。しかし、そんなメガロドンに危機が迫ったのは、約４００万年前から始まる第四氷河期。もともとメガロドンは海水温の低下に順応できなかったばかりか、クジラ類でありながらクジラを捕食するシャチが大量繁殖したことで、巨大化しすぎていたメガロドンが絶滅へと追いやられたのだ。

それでも、１９３８年にシーラカンスが発見され、６５００万年前に絶滅したはずの古代魚が生存していたことに世界中が驚いた。そして、シーラカンスの鑑定をした魚類学者J・L・B・スミス博士をはじめ、メガロドンが生存しているのではないかと考える専門家たちも多かった。

さらに、現代に続く、メガロドンへの熱狂を支えてきたのは、70年代に大ヒットした人喰いザメの映画『ジョーズ』シリーズであった。まさにリアル・ジョーズへの渇望が、メガロドン待望論へと膨れ上がってきたともいえるのだ。小説『メガロドン』(角川文庫／01年)で知られるスティーヴ・オルテンが、メガロドンをシリーズで手掛けるなど、いまだフィクションの素材としての人気も高い。いまもメガロドンを追う海洋生物学者リチャード・エリスは、その生存を否定する証拠がひとつもないから調査を続けていると語っている。

古代の巨大ザメがいまもどこかで生きているかもしれない。それを想像するだけでも、僕らは胸の高ぶりを抑えることができないのだ。

第五章　心霊写真と日本の心霊研究の復興

恐怖の心霊写真集

子供の頃は、誰でもお化けが恐かった。だから、夜道を歩くだけでも恐怖を感じた。物音ひとつ、ちょっとした影の動きに、いちいちびっくりさせられたものだ。感受性が強ければなおさらのこと、天井の木目が人面に見え、障子に映る影が亡霊となり、家屋のきしむ音が霊界からのメッセージのように聞こえてしまうのだ。

思い起こせば、幼いときの記憶は、ある種の心霊体験に似た不思議なリアリティと幻想に満ちている。小学校に上がる前、母親が入院した病院に祖母と見舞いに行ったときの、夜の病院の暗い廊下に響く足音ばかりが鮮明に蘇ってくる。あれは本当に現実に起こったことだったのかと思ってしまうのだ。

そんな多感な子供時代を過ごしていた僕らをオカルティックな心霊世界へと手招きしたのは、心霊写真だった。

74年に出版された中岡俊哉編『恐怖の心霊写真集』（二見書房）は、絶大なる影響力を持ち、中岡の同年の著書『狐狗狸さんの秘密』（二見書房）も大ヒット、彼こそが日本の心霊ブームのキーパーソンであったことは疑い得ないだろう。中岡は、僕らの日常に偏在する霊を何気ない記念写真の中から見つけ出し、そんな心霊写真こそが心霊現象の証であるとアピールしたのだ。

宇宙人やネッシーは海外から輸入されたものだが、心霊現象は、僕らの日常にすでに存在していた。中岡は、怪談話などで古くから語られてきたものを心霊写真という現代的な物証を示して、蘇らせたのだった。

中岡俊哉編『恐怖の心霊写真集』

中岡は、ある人が死んだ場所に出現する地縛霊と、場所にかかわらず、霊波が一致したときに見えてくる浮遊霊を区別しなかった。そして、偏在する霊の姿を写真技術が捕える事実に注目し、少女たちも巻き込んで心霊写真ブームを生んだのだ。

つまり、心霊写真は誰にでも撮れるものであり、少しばかりの霊感と知識があれば、写真の中にその痕跡を見つけ出すことができると説明した。目を凝らすと見えてくる人面の輪郭のようなもの、窓ガラスの白い反射は霊なのか、木々の葉っぱの陰影や石段のくぼみまで人の顔に見えてくる。

今思えば、中岡は、子供ならではの感受性を心霊と結びつけたのだ。そればかりか、彼は、心霊も超能力もＵＦＯもすべて同列に語った。つまり、ある特殊な能力に目覚めれば、スプーンを曲げ、霊と交信し、ＵＦＯも呼べるというのだ。

実際、当時の少年少女向け雑誌のオカルト記事の多くは、中岡による。大戦中に3度の臨死体験を経て、57年に中国から帰国。世界の不思議ネタ、怪談話などを得意とするライターとして戦後を生きた中岡にとって、心霊や超能力こそが世界平和への最良の道であったのだろう。

60年代半ば、中岡は楳図かずおの恐怖漫画『ねこ目の少女』『へび少女』『赤んぼう少女』が人気を博した『少女フレンド』（講談社／62年創刊、96年廃刊）で連載を持ち、日テレ系の『ショック!!』（69～71年）では日本のミステリースポットを紹介し、その司会者であった若き日の川口浩とも共演していた。

テレビにおける心霊番組の本格化は、日テレ系の『お昼のワイドショー』のなかで73年に始まる新倉イワオの『あなたの知らない世界』であった。視聴者から投稿された心霊体験の再現ドラマが大ウケして、他局のお昼番組にも飛び火し、さらに深夜枠の『11PM』にまで拡散した。ラジオやテレビの放送作家でもあった中岡は、必然的に日テレ系の『木曜スペシャル』、テレ朝系の『水曜スペシャル』にも関わることになった。

さらに、74年、映画『エクソシスト』の日本公開に際し、その宣伝文句として、「オカルト映画」なる言葉が使われ始めた。それまでの怪奇映画のイメージを刷新するオカルト路線が当たり、『ヘルハウス』『オーメン』『キャリー』『サスペリア』などがそれに続いた。

まさにメディアミックスという状況で、今まで怪談話として語られてきた心霊の世界が写真、テレビ、映画でビジュアル化され、子供の世界になだれ込んできた。実際、『恐怖の心霊写真集』は小学校の教室で回し読みされていたほど、僕らの日常に溶け込んでいたのだ。

心霊写真の歴史

心霊写真というものは海外で発祥した。それも、写真の登場とともに生まれたといってもいい。

いまからは想像がつかないかもしれないが、最初の写真機が発明された頃には、欧米人でさえ、機械が写し出す自らの真実の姿に戸惑っていた。そこには、目に見えないものまでも写ってしまうのではないかという恐怖もあった。同時代に電気や磁気が未知の技術であったように、写真もまた謎に満ちていた。

写真技術の発明は、17世紀頃から広まったカメラオブスキュラと呼ばれるレンズを通して、実際の風景などをすりガラスに写し出す器具から始まった。そのすりガラスに写る映像を、なんとか化学的な方法で定着できないかという試行錯誤が続き、１８３０年代、タルボットのカロタイプ、ダゲールのダゲレオタイプなど、何人かの発明家たちがそれぞれ独自の方法で写真技術を編み出していた。そうした技術は、すぐに学術的な記録に利用されたほか、肖像画は肖像写真に取って代わられた。また、容姿を美しくするなどの写真修正技術もすぐに登場した。

写真は、その言葉のとおり、真実を写し、記録するものというイメージがある。だが、その登場以来、撮る側の意図や、見る側の願望を投影するための技術であった。そのような写真技術が持つメディア操作の特性は、何もデジタルカメラやフォトショップが登場してから始まったものではないのだ。

もうひとつ、心霊写真が生まれた背景として、19世紀後半から20世紀前半にかけて、電気、電波、磁気、X線など、次々に新しい科学現象が発見され、心霊現象や霊の世界など、これまで謎とされてきた領域も解明されるのではないかと大いに期待されたこともあった。その当時、人間の魂が不変と考える心霊主義（スピリチュアリズム）がイギリスを中心に盛んになり、オカルティックなものと科学の最先端が不思議な相関関係を作っていた。

たとえば、20世紀初頭にラジオが発明されたときには、エジソンは霊界からの声が聞こえるのではないかと考えていた。電気は生命エネルギーであり、死者に電気を流せば蘇生できるのではないかと真剣に考えられていたのだ。実際のところ、1895年にはヴェルヘルム・レントゲンがX線を発見し、人間の体内を透視して撮影することが可能となって、世界中が驚いた。新しい科学的な発見によって、オカルティックなものに対する価値の大転換があるのではないかという期待は、あながち荒唐無稽とはいいきれなかった。

1850年代に肖像写真がビジネスとなり始めると、ほどなくして、亡くなった親族との写真を撮って欲しいという要望に応えようと、霊媒師たちの間でも写真技術を学ぶものが現れ始め、謎の写り込みや現像液の染みかもしれない汚れに霊の姿を見つけた。1861年、アメリカのウィリアム・マムラーは世界最初の心霊写真を発表して、その先駆となった。その後、彼は心霊写真師として活躍するようになり、リンカーン未亡人の依頼で撮影した際には、傍らに故リンカーン大統領が写し出されたことから大評判となった。しかし、のちにそれは「重ね写し」のテクニックでねつ造したと告発されている。それでも、名作というべき心霊写真を多数手掛けて、生涯高い名声を誇った。

1898年、キリストの遺骸を包んだ布とされる「トリノの聖骸布」をセコンド・ピアが撮影した。すると、肉眼では識別不可能だったキリストとおぼしき男性の姿が浮かび上がったのだ。聖骸布は、この布自体が立体物を二次元に転写していたという意味で写真の元祖ともいえる。1930年代からは、イギリスの心霊写真師ウィリアム・ホープが活躍している。彼が撮影した「ロンケイク夫人と義姉の霊」は有名である。一方、1936年、イギリスの雑誌『カントリー・ライフ』に掲載された「茶色い服の貴婦人の霊」は、歴史的な検証の結果、イギリス初代首相の妹で、レイナムホールに幽閉されて不幸な死を遂げたドロシー・ウォルポール夫人といわれた。

これらの写真は、ともすると写真の詳細情報が失われたまま日本に流れ着き、その驚くべきビジュアルだけが僕らの脳裏に焼き付けられたのだった。

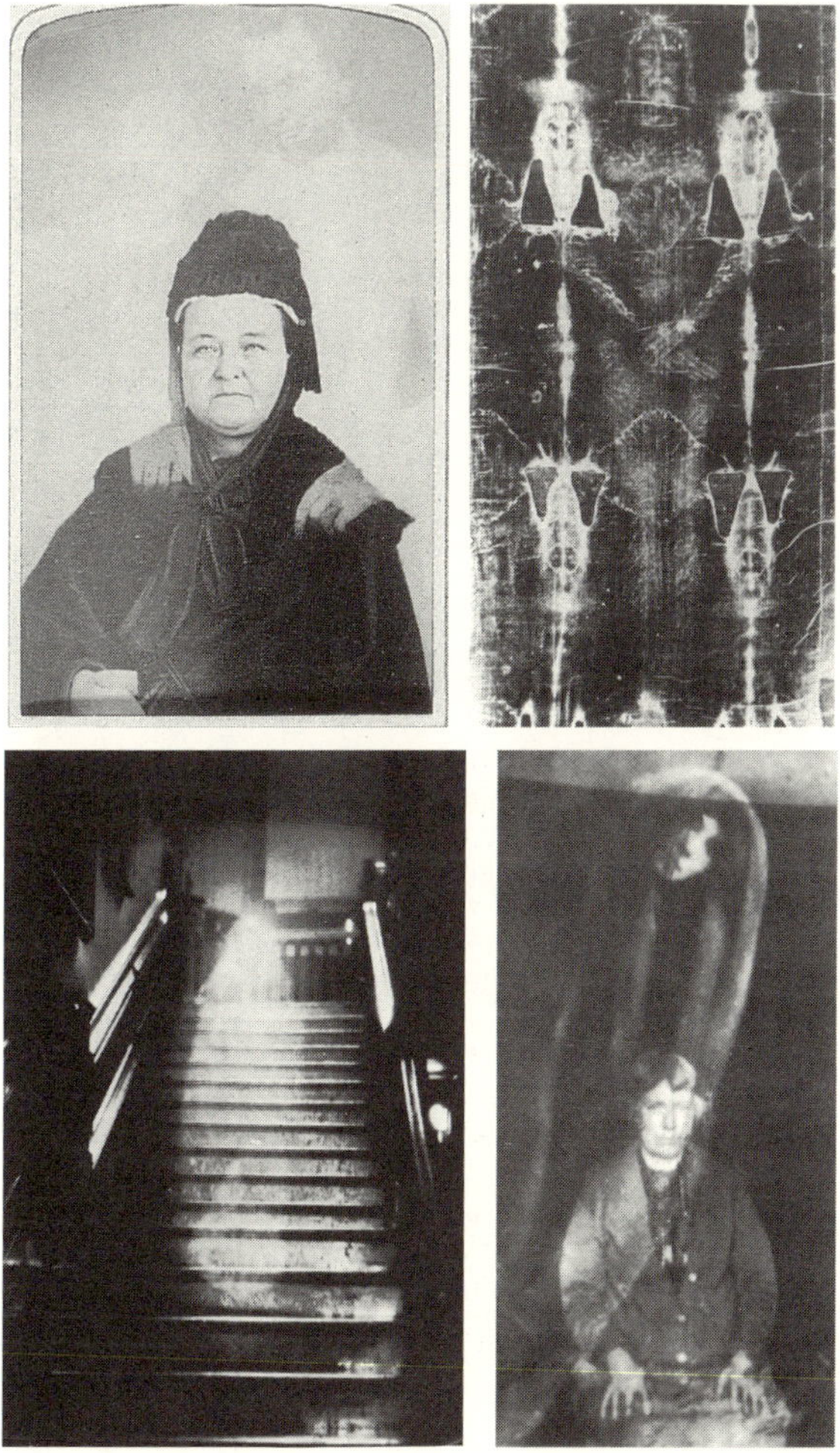

（左上）リンカーン夫人とリンカーンの霊、（右上）トリノの聖骸布、（左下）茶色い服の貴婦人の霊、（右下）ロンケイク夫人と義姉の霊

コナン・ドイルの妖精写真

コナン・ドイルといえば、言わずと知れた『シャーロック・ホームズ』シリーズの作者である。彼は1859年生まれ、本業は医者だったが、副業で始めた執筆業で成功し、1891年には、作家一本になった。一方で、彼が心霊研究に没頭したこともよく知られ、特に晩年に最も熱中したのが「コティングリーの妖精写真」であった。それは、幼な気な少女と戯れる、まるでイメージ通りの出来過ぎた妖精らしき姿が映っている5枚のモノクロ写真で、誰もがどこかで見た記憶があるほど、世界的に有名なものだ。

1917年、イギリスのウェスト・ヨークシャー州ブラッドフォード近くのコティングリーで、当時16歳の少女エルシー・ライトが、9歳の妹フランシスと戯れる妖精たちを写真に収め、これをコナン・ドイルが絶賛したために、真偽を超えて世界的に知られることとなる。

1920年には、ライトらはさらに2枚の妖精写真を撮影している。コナン・ドイルは、純真な少女たちが嘘をつくことはないだろうと信じ込んでいた。当時、少女たちが自分たちだけでカメラを使って写真を撮ったというだけでも、すごいことであった。

この有名な妖精写真は、74年の中岡俊哉の『恐怖の心霊写真集』にも掲載されている。さらに、現在、この妖精写真を撮影したとされる写真機と5枚の写真ガラス原版は、日本の妖精研究の第一人者、井村君江が名誉館長を務める「うつのみや妖精ミュージアム」にコレクションされている。

これらの妖精写真が偽物ではないかという疑いの声は、発表当時からついてまわった。そして1930年にコナン・ドイルが亡くなり、さらに何十年か経過した1983年になって、老婆となった彼女たちが、実は、絵本の妖精をトレースして切り抜き、撮影したトリック写真であったことを告白している。

コティングリーの妖精写真

それでも、この写真がトリックであったとしても、妖精を見ることは少女にしかできないという伝承が説得力を持っていたし、写真作品としても非常に印象深いものに仕上がっていた。心霊の世界が実在していると信じている人たちにとって、それらの妖精写真は、妖精が存在していて欲しいという願望とリンクして、広く受け入れられたところが興味深い。

ここでポイントとなるのは、妖精写真の真偽を超えた、写真が持つメディアとしての特殊な力である。

コナン・ドイルも含めて、あまりにも心霊の世界を信じてしまっている人たちは、疑わしいと思える妖精写真であっても、自分たちが信じるものの実在を証明してくれることに役立つならば、とりあえずは肯定してしまう傾向がある。もちろん、写真は真実を記録するものという一般の人々の思い込みも相まって、写真こそが最新の技術に裏打ちされた超常現象の科学的な証拠であると信じられたのだ。その意味では、人は写真の中に、自分が見たいと思っているものを投影し、発見してしまうものなのだ。だからこそ心霊写真は、現代の心霊ブームの大きな原動力となってきたのだ。

蘇った日本の心霊研究と妖怪

すっかり忘れ去られていた日本の心霊研究が見直されるのも、70年代オカルトブームが起こってからだった。明治後期の日本においては、福来友吉が千里眼（透視）、念写などを研究し、大いにマスコミを賑わせていた。念写は、福来によって編み出されたもので、念じることによって感光板に像を写す実験であった。

福来は1869年生まれ、東京帝国大学で心理学博士として催眠術の研究を始め、1910～14年には御船千鶴子、長尾郁子、高橋貞子らを被験者として、千里眼や念写についての実験を公開で試みた。だが、実証に至らずに世間的な批判を浴び、御船は自殺、長尾は病気で急逝し、高橋も不遇な晩年を送った。ところで、1998年に公開され大ヒットした鈴木光司原作の映画『リング』は、福来友吉の千里眼事件をモデルとしていたといわれ、貞子の名前も登場している。

1915年、福来は東大を追われたが、その後も研究を続け、1930年代には超能力者・三田光一を見出し、当時まだ人類が見たことがなかった月の裏側を念写させて、マスコミを騒がせた。またその頃、霊媒師・亀井三郎が100回以上の霊媒実験を行って人気を博し、霊界との物質的媒介物とされるエクトプラズムという白い物質を口や鼻の穴から流出したとし、その写真を公表して、心霊ブームを再燃させた。だが、その勢いは戦争とともに断絶。福来は1952年に、その生涯を閉じている。

一方、東京帝国大学で英文学を学んだ浅野和三郎は、1915年に息子の熱病が霊能者の助言によって完治したことをきっかけに、心霊研究に傾倒した。1923年に「心霊科学研究会」（のち

御船千鶴子

の日本心霊科学協会）を設立し、28年には、ロンドンの国際スピリチュアリスト会議に福来友吉とともに出席している。その後、心霊を科学するイギリスの心霊主義（スピリチュアリズム）が日本にも大きく影響した。また、息子が熱病に苦しんだ翌年から、浅野の妻・多慶子が霊能力に目覚め、浅野はそれをもとに霊界見聞録を執筆している。戦争中に断絶もあったが、現在もその研究会は存続している。

もうひとつ、70年代のオカルトブームと呼応するように蘇ったものに、妖怪がある。妖怪はもちろん日本の民間伝承として残ってきたもので、江戸時代には浮世絵などで描かれることで名前やイメージが固定化し、妖怪の系譜とでもいうべきものができていた。

明治時代には、哲学者の井上円了が、迷信を打破する立場から妖怪を研究して、妖怪博士と呼ばれた。彼は、のちに東洋大学となる哲学館を創立し、狐狗狸さんを神経の痙攣運動で説明するなど迷信を排除する一方で、江戸の妖怪話などを体系化し、戦後の妖怪リバイバルの基礎を作った。

そのような妖怪の世界は、戦争を挟んで一時は衰退し、戦後、少年漫画誌ブームが訪れるまでは、紙芝居や貸本屋の世界でほそぼそと生き残っていたものだった。水木しげるは１９２２年生まれ、ラバウル戦線で戦い左腕を失ったが、終戦後は漫画家に専念。困窮の中で日本の怪奇や妖怪といったテーマに自らを投影し、少年漫画誌やテレビアニメに持ち込んでいた。それまで長年不遇であった水木しげるが、まるで自らを妖怪になぞらえるようにして、『テレビくん』により少年漫画誌での商業的な成功を飾るのは１９６５年、その３年後には『ゲゲゲの鬼太郎』のテレビアニメが始まり、１９７１年のカラーアニメ化で不動の人気を確立する。水木の登場で、妖怪の復活がなされたといっていい。『ゲゲゲの鬼太郎』は、科学の進歩や夢の未来を描いた手塚治虫の名作『鉄腕アトム』も凌ぐ勢いで、現在も日本の妖怪文化を支える国民的アニメとして君臨している。

ところで、１９７９年、子供たちの口コミだけで「口裂け女」についての噂が瞬く間に日本中に広がった。路上に立つマスクをした見知らぬ女性がいきなり「わたし、きれい？」と訊ねてきて、マスクを取ると、口が耳の近くにまで両方裂けているというのだ。さらには、鎌を持って追いかけてくるともいわれた。恐怖のあまり、子供たちが外に出られなくなるなど社会問題化する。その事件は、都市伝説といわれるものの始まりであるとともに、オカルトブームを経て、現代にリアルに再生した妖怪のような存在であったのだろう。

日本において心霊の世界は、隆盛と衰退を繰り返しながら、長く続いてきている。いうなれば、日本人は常にオカルト的なものと共にあったといってもいいのかもしれない。心霊写真という実証の手段を得たことで、僕らは日常を神秘の光で照らしたのだ。そしてそれこそが、70年代を共有する世代にとってのオカルト体験なのだ。

つのだじろう『うしろの百太郎』

「人は死んだら、どこに行くのか？」

こんな普遍的な問いも、僕らの子供時代には、オカルト一色に染まった問いだった。心霊現象の存在はもはやテレビでおなじみだったし、僕らの理解を超えた未知の世界がこの世の中にあることは当然だった。だからこそ、心霊現象は科学的に解明されることも可能だと思われたし、一方で、どんなに科学が進歩したとしても解き得ぬ謎が依然として残るのではないかと思っていた。

筆者は小学校の頃、ケガで学校を一週間ほど休まなければならなかったとき、手塚治虫の名作『火の鳥』を単行本で一気読みして、輪廻転生の壮大なストーリーにどっぷりとハマったことを鮮明に覚えている。

この物語は、火の鳥の生き血を飲めば永遠の命が得られるという設定のもと、過去や未来を舞台として、それぞれの時代の主人公が運命に翻弄され、時には私欲に溺れ、あるいは死と再生を経験していくというものであった。そこに一貫して流れるテーマは宗教的なだけでなく、科学的にも歴史的にも考えさせられる、不思議な読後感があった。

　現実社会の生に執着し、エゴや欲に溺れている人間たちは、結局は幸福にはなれない。『火の鳥』は、オカルティックでSF的な要素で僕らを魅了しながらも、そんな人生観を教えてくれた。特に未来編で不死の生命を手に入れた主人公マサトが、人類滅亡後、さらに次なる人類誕生までを見守るくだりは、魂だけの存在となってこの世を見ているような興奮を覚えずにはいられなかった。

　また、『ノストラダムスの大予言』（祥伝社／73年）の大ヒットでオカルトブームの火付け役となった五島勉は、著書『カルマの法則』（祥伝社／78年）を通じて、魂は不滅で肉体が生まれ変わる輪廻の法則を説き、来世や前世、カルマ（業）といった言葉をオカルト用語として広めていった。

　さらに守護霊の存在を強く印象付けた傑作に、つのだじろうの『うしろの百太郎』がある。この作品は、オカルトブームの絶頂期の73年から76年まで『少年マガジン』で連載された。

　つのだは他にも『恐怖新聞』や『亡霊学級』といった一連のオカルトマンガで70年代に人気を博し、その作品群は単なる恐怖漫画にとどまらず、オカルト知識をふんだんに織り込ん

つのだじろう『うしろの百太郎』（講談社）

でおり、僕らにとって最も頼りになるオカルトの教科書だった。海外から次々に届けられるオカルト情報を解説し、「守護霊」「呪縛霊」「死神」など、日本の伝統的な心霊・霊界用語をひも解いてくれた。さらに、登場人物たちの生き様には、戦後に忘れられていた日本の死生観を思い起こさせるものがあった。また、『少年チャンピオン』連載の『恐怖新聞』（73～75年）は、主人公・鬼形礼が、読むたびに寿命が１００日縮む新聞を強制的に配達され、死神と命の取引をする凄まじい作品で、最終回では主人公が死んで、恐怖新聞の配達員となるのもトラウマ的衝撃であった。

その当時、『うしろの百太郎』で紹介され、子供でもできる降霊術として大流行したのがコックリさんだ。特製の文字盤に十円玉などを置き、そこに2人以上が指を添え、コックリさんに質問をすることで、指を置いた十円玉が動き出し、その答えが文字盤を通して示されるというものであった。そのもとは明治時代に、降霊術が流行していたヨーロッパからテーブルターニングが持ち込まれ、芸者のお座敷芸となって日本的に解釈されて、定着したことにある。

コックリさんはもともと「狐狗狸さん」と表記されるとおり、動物などの低級の霊を呼び出す降霊術で、安易に行うと何かに取り憑かれる危険性があるともいわれた。そのような忘れられたオカルト史を広く紹介した意味でも、つのだじろうのマンガ作品が果たした役割は大きかった。死後の世界といった見えない世界についての情報が、マンガで次々に報告されていた僕らの子供時代は、ある種、トンデモない時代であったのだ。

コリン・ウィルソン『オカルト』

同時代の海外に目を転じれば、71年にイギリスの作家コリン・ウィルソンが出版した『オカルト』（新潮社、平河出版社のちに河出文庫／73年）が挙げられるだろう。この本で彼は、人間の秘められた能力を「X機能」と名付け、先史時代から神秘主義を経て、現代に至るオカルト思想を一望し、心霊現象や精神世界、さらには死後の世界といったものを百科全書的な歴史資料の集積から蘇らせ、世界的なヒットとなった。

コリン・ウィルソンといえば、1956年、彼が24歳のときに出版した『アウトサイダー』がベストセラーとなったことで知られている。カウンターカルチャーの申し子であった彼は、正規の教育から早々にドロップアウトすると、図書館に通って独学し、作家としてデ

コリン・ウィルソン『オカルト』

ビューしたのだ。そんな彼の経歴も、当時はかなりスキャンダラスに報じられていた。

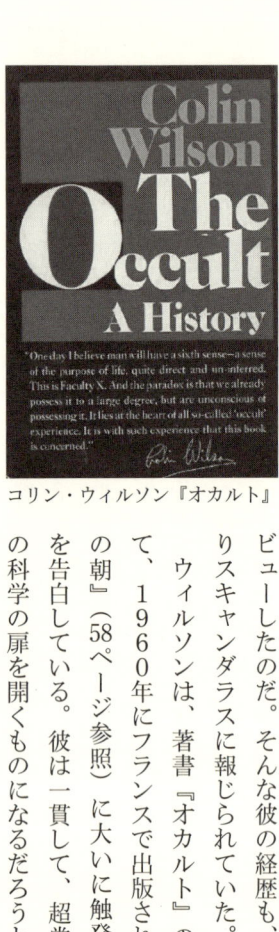

ウィルソンは、著書『オカルト』の出版について、1960年にフランスで出版された『魔術師の朝』（58ページ参照）に大いに触発されたことを告白している。彼は一貫して、超常現象が未来の科学の扉を開くものになるだろうと信じており、「X機能」という独特の用語を導入したのも、彼自身の確信を読者にわかりやすく説明しようとした結果だったのだろう。そして、彼がオカルト肯定派の論客としてカミングアウトしたことから、オカルトは欧米のカウンターカルチャーの一端を担うものとして、その後も長く君臨していくことになった。

この時期、臨死体験についての科学的なレポートが多く発表されていた。69年に出版されて全米ベストセラーとなった優秀な女医キャブラー・ロスによる『死ぬ瞬間』（読売新聞社／71年）や、アメリカの医師レイモンド・ムーディが死から生還した患者たちを調査してまとめた『かいまみた死後の世界』（評論社／71年）などが、死後の世界に科学的にアプローチして、新鮮に受け止められている。それ以前では、欧米では有名なエマニュエル・スウェデンボルグ（1688〜1772）が著したリアルな霊界の記録『私は霊界を見て来た』（叢文社）が75年に邦訳され、オカルトブームに拍車をかけた。

科学的心霊研究としてのスピリチュアリズム

欧米人の死後の世界への興味の背景には、19世紀の降霊術の流行があった。近代科学が全盛となった時代に、キリスト教が弱体化し、人々は何か「信じるもの」を求めていた。そして、魂が不変であるとする心霊主義（スピリチュアリズム）が台頭し、そのことを科学的に立証しようと試みる科学者たちが多数現れ、降霊術が盛んに行われたのである。

その始まりは1848年3月31日、アメリカ・ニューヨーク州ハイズヒルで、フォックス姉妹が、引っ越してきたばかりの家のどこからか聞こえるコツコツという音に語りかけて、霊との交信に成功したという事件が起こったことからだった。彼女たちは、音の回数で交信を試み、その主が何者かに殺された行商人で、その家の地下室や壁から遺骨や遺品らしきものが出てきたとした。

一連の事件は新聞で大きく報じられ、フォックス姉妹は世界的に有名な存在となる。彼女たちは、自宅ばかりか巡業までして、降霊術を披露してお金を取るようになった。他の霊媒師たちもこれに続き、ヨーロッパでも降霊術が大流行することになったのである。

1855年、アメリカからイギリスに渡り、心霊主義を大きくけん引することになったのは、天才的な霊媒師ダニエル・ダグラス・ホームで

霊媒師ダニエル・ダグラス・ホームの空中浮遊

あった。ホームは空中浮遊し、手を触れずにアコーディオンを奏で、頭を炎に突っ込み、手足を伸縮し、騒々しいラップ現象で皆を驚かせた。その上、彼は部屋を暗くすることも、精神を統一するための準備も求めなかった。そんな彼の奇跡の技を、当時の王室の人々や科学者たち、さらには多くの一般人たちも見ていた。心霊現象に挑む科学者として知られたウィリアム・クルックス卿にも、科学的に打ち破ることができず、ホームの名声はますます高まった。

このような心霊主義の全盛期に、写真技術が普及し、電気や磁気、放射線などエネルギーの研究も進み、心霊現象を科学で解明できるのではないかという期待も膨らんでいった。

ここでもうひとつ、心霊主義の前身となった動物磁気説（メスメリズム）についても触れておこう。これは、1770年代にフランツ・メスメルが打ち立てた理論で、身体が磁気体であるなら、衰弱した患者に磁気力を授けることで病気の治療ができると考えられた。メスメルはその理論に基づく治療法を開発し、当時、大いにもてはやされた。その後、彼の理論は科学的には敗北するが、その療法の効果は認められ、1840年代、ジェイムズ・ブレイドによって催眠術へと発展されることになる。

19世紀、催眠術は心霊主義と相まってブームとなり、それは写真の普及とも同時期であった。そののち、日本の福来友吉が催眠術の研究から千里眼や念写の研究へと向かったのも、みてきたとおりである。それぞれの時代の最新の科学技術は、その同時代に生きる人々の心に潜むオカルティックな願望と結びつき、常に様々なイマジネーションをかきたててきたのだ。

『丹波哲郎の大霊界』

さて、「死後の世界」をテーマにオカルトブームを語るときに忘れてはならないのが、丹波哲郎の存在である。

丹波といえば、『Gメン'75』の印象が強いかもしれないが、映画『日本沈没』（73年）では日本の首相を演じ、翌年公開の映画『ノストラダムスの大予言』では人類の危機を訴える科学者となって登場し、オカルト界と現実世界をつなぐ役割を果たしてきた。

彼は、当時の日本では珍しい国際俳優であった。たとえば、『007は二度死ぬ』（67年）という日本ロケの映画にも出演し、背が高くて体格が良く、英語もできた。そんな彼は、俳優業のかたわらオカルト研究に没頭し、特に心霊および死後の世界に興味を持っていた。彼がオカルト関係の著作を始めるのは80年代になってからだが、著書『大霊界』の映画版（89年）は、300万人を動員する空前の大ヒットとなった。その公開のタイミングで昭和天皇が崩御し、平成元年へと変わる激変の時期であったこともあり、若い世代から高齢者まであらゆる層の人々が、死後の世界はどうなっているのかと思いを馳せたのだ。

世界的には1989年は、ベルリンの壁が崩壊して冷戦が終結した年だった。91年にソ連が崩壊し、これでやっと、世界がひとつになって平和になるかと思われた。だが、その直後に湾岸戦争が勃発し、再び先行きが不透明になった。そのような時代の大きな転換期に、『丹波哲郎の大霊界』はパート3まで作られ、昭和オカルトブームの第二のピークのきっかけを作っていった。そういう意味で、戦後忘れられつつあった日本の精神世界に根ざした死後の世界が、昭和のオカルトブームを経て、より現代的な形で蘇ったことの最大の功労者は、丹波哲郎であったといえるのではないだろうか。

ところで、70年代のオカルトブーム以降、79年のオカルト専門誌『ムー』の創刊を経て、オカルトはひとつの趣味、あるいは、マニア化したジャンルとなった。そして80年代には、テレビではオカルト肯定派と否定派が論争する番組が多くなっていった。

Mr．マリックの超魔術が、ユリ・ゲラーのスプーン曲げを奇術として模倣して打ち破り、プラズマ学の権威である大槻義彦教授が、独自のプラズマ理論でUFOなどの超常現象を論破していた。70年代からテレビで人気を博していた宜保愛子が、霊能力者として大きくブレイクしたのもこの時期だった。UMA捜索隊のロマンは、『川口浩探検シリーズ』（TBS系）としてバラエティ化していた。

映画『丹波哲郎の大霊界
死んだらどうなる』

そんな80年代を打ち破るように、大霊界の大ヒットをきっかけに第二のオカルトブームが日本を襲ったのだ。しかし、その後の展開は新興宗教が多く生まれ、95年、オウム真理教による地下鉄サリン事件が起こり、日本のみならず世界をも震撼させた。朝の満員電車で毒ガスであるサリンを散布するという非情な行為に、多くの人々が憤った。

そして再び、オカルトブームは静まることになる。ゼロ年代に突入してから、江原啓之がテレビで人気となり、スピリチュアルという名前でオカルトブームを再来させる。また、インターネットの普及とともに、オカルトは都市伝説や陰謀論と名前を変えて、現代へその血統をつないでいる。

それでも、70年代のオカルトブームが蘇らせた日本の心霊の世界は、形を変えながらも、21世紀に根強く残っているのだ。

オカルト映画『エクソシスト』

70年代のオカルトブームに触発され、日本で古来の幽霊や心霊現象が復活したように、欧米でも、古く中世の時代に信じられていた魔術や悪魔信仰がポップカルチャーと結びついて復活していく。それらの源泉となるのは、キリスト教からすれば異端と呼ばれてきたものである。しかし20世紀後半になると、それがオカルト映画のモチーフとなって大ヒットしたり、ロックミュージックのアイコンとしてファンたちを魅了する要素となった。

ところで、日本で「オカルト」という言葉が広まったのは、１９７４年、全米大ヒット映画『エクソシスト』の日本公開において、宣伝文句として使われたからであった。日本公開初日は7月13日で、その日付はいまもオカルトの日とされている。では、元祖オカルト映画『エクソシスト』とは、どんな作品だったのだろうか。

　エクソシストとは、エクソシズム（悪魔祓い）を行う人の意。この映画は、悪魔に取り憑かれた主人公の少女リーガンに2人の神父が悪魔祓いを行い、最終的には少女を助けるというストーリーである。原作者で脚本も手掛けたウィリアム・ピーター・ブラッティは、カトリックのキリスト教徒で、悪魔が存在するのなら神も存在するだろうと考え、執拗な調査の末に、１９４９年に実際に起こったとされる「メリーランド悪魔憑依事件」を下敷きに『エクソシスト』を仕上げた。

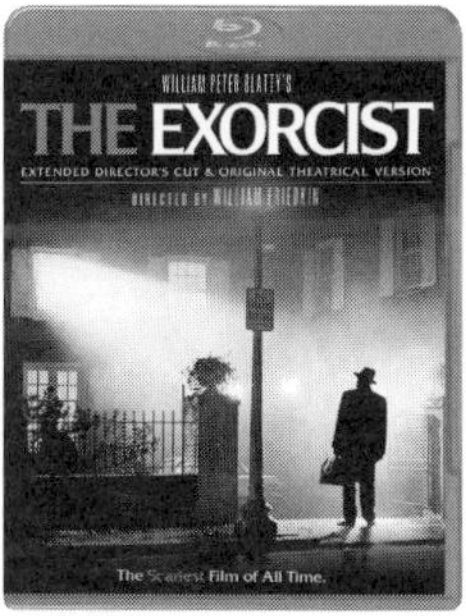

『エクソシスト　ディレクターズカット版&オリジナル劇場版』ブルーレイ￥2,381＋税／ディレクターズカット版DVD ￥1,429＋税（ワーナー・ブラザース・ホームエンターテイメント）

　この事件は、メリーランド州マウント・レーニアで悪魔が少年に憑依し、実際に神父による悪魔祓いが行われたといわれているものだった。とはいえ、その事件の詳細についての信憑性はいまも検証が続いている。それでも、この事件から大きなインスピレーションを得て作られた『エクソシスト』は、いま観ても身震いしてしまうほどのいい知れぬリアリティを漂わせていた。当時この映画は、単なるフィクションとしてではなく、実話をもとにしたものとして受け止められたのだ。

それればかりか、1976年7月1日にはドイツで悪魔祓いが本当に実践され、エクソシズムを受けた少女アンネリーゼ・ミシェルが栄養失調で餓死するという事件が起こった。

この少女は、死亡の8年前から原因不明の痙攣《けいれん》に見舞われ、症状は悪化の一途を辿るばかりで医者からも見放され、75年9月からは、2人の神父がキリスト教会から正式な許可を受けて悪魔祓いを行っていた。結局、ミシェルを死なせることになってしまったが、悪魔祓いそのものが少女に特殊な自己暗示をかけていたのではないかという疑いから、刑事事件に発展して、法廷で争われる異例の事態となった。その結果、両親や神父たちが緊急の医療措置を怠った点のみが罪に問われた。

この時代の独特のオカルト熱が、眠っていたはずの悪魔までも叩き起こしてしまったということだろうか。この頃、『エクソシスト』を観たのちに悪魔に取り憑かれたと主張する人たちが続出し、オカルト映画は社会現象として世界的に拡散していった。

また、『エクソシスト』はさらなる恐怖を煽るために、サブリミナル効果を取り入れていたことも斬新であった。つまり、通常のシーンに数コマ単位で恐怖映像を挿入することで、観客の無意識に働きかけ、恐怖の感覚を強く呼び起こさせる工夫が施されていたのだ。『エクソシスト』とは、それまでの作り物感あふれる怪奇映画のイメージを刷新する、本当の恐怖を体験させる映画であったのだ。

ロックとサタニズム

70年代、映画に続いてサタニズム（悪魔崇拝）に目覚めたのは、ロックミュージックだった。『エクソシスト』に続くように、『ヘルハウス』『オーメン』『キャリー』『サスペリア』などのオカルト映画が次々に作られていく一方で、多くのロックスターが悪魔的なイメージを駆使して、世界的な人気を獲得していった。

サタニズムは、もともとキリスト教的な背景を持つ真摯なものであった。中世ヨーロッパでは、悪魔は神が作ったものとして恐れられ、ペストの流行や戦乱を引き起こす原因とも考えられた。15〜17世紀、魔女裁判が盛んに行われ、悪魔に取り憑かれた魔女と呼ばれる人たちが拷問され、火あぶりで処刑された。だが最近では、悪魔はヘヴィメタルやゴスなどのアイコンとなって消費され、神を忘れた現代社会をあざ笑うかのごとく、悪魔的なものこそが恰好いいファッションとなっているのだ。

悪魔といえば、77年に初来日を果たした超人気ロックバンド、ＫＩＳＳを思い起こす人も多いかもしれない。76年の大ヒットアルバム『ＫＩＳＳ：地獄の軍団』における彼らの顔面のペイントやコスチュームに、悪魔的なものを感じるのは確かだ。とはいえ、意外にも彼らの曲はラブソングが多い。真にサタニズムをロックに取り入れたのは、ブラックサバスを率いたオジー・オズボーンやアリス・クーパーであった。彼らは、ロックのライブを一種のサタンの儀式にたとえ、反社会的なイメージを強調することで、結果的には商業的な成功を獲得していた。

歴史を顧みるなら、現代においてサタニズムを復活させたのは、アレイスター・クロウリーである。１８７５年生まれのクロウリーは、若い頃から神秘主義思想に傾倒し、世界各国を遍歴したのち、霊的存在の声を聞いたと主張して、その奥義をもとに結社を作った。１９２０年には黒ミサの儀式に使った猫の血液から感染症になった信者を死亡させるなど、まさに悪魔的な無謀さで世間を騒がせ続けた。

その流れは70年代、『サタニズム・バイブル』を著したアントン・レヴェイに継承されていった。現代のサタニズムは、神秘主義にエロティックな儀式を融合して、魔術的な世界を復活させたもので、性の解放やヒッピーカルチャーにつながっていたのだ。ロックの黎明期を支えたビートルズやローリング・ストーンズでさえ、クロウリーの異端的な思想に影響されていたのだ。

また、サタニズムの復活を目指したクロウリーのよく知られた功績に、魔術の道具としてのタロットカードを普及させたことがある。単なる占いの範疇《はんちゅう》を越え、タロットには神秘主義やオカルトの歴史が深く刻み込まれており、クロウリーは独自にそれを解き明かした。タロットカードは、映画『ホーリー・マウンテン』や『エル・トポ』で知られるアレハンドロ・ホドロフスキーや、『Vフォー・ベンデッタ』や『ウォッチメン』の漫画原作を手掛けたアラン・ムーアなど、人間の心の闇を描く作家たちに超現実的な着想を与える魔術的なツールとして、いまも生き続けている。

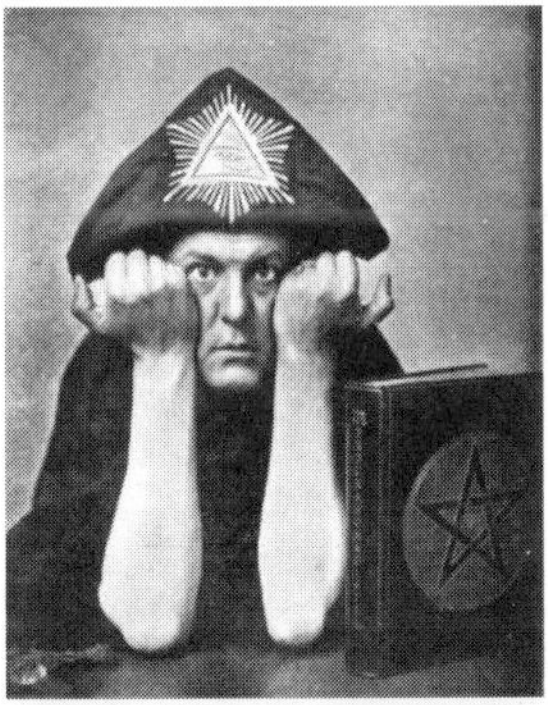

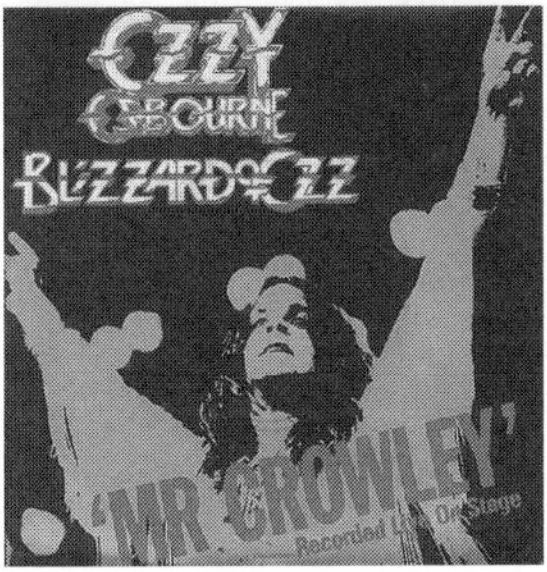

（上）アレイスター・クロウリー、（下）オジー・オズボーン『ミスター・クロウリー』

70年代、世界は２つ

の大戦を経てもなお、ベトナム戦争などが継続していた。もちろん欧米の若者たちには常に徴兵の可能性があった。そんな中、ロックは従来の体制や文化に対抗する意味で、ベトナム戦争反対を訴えると同時に、大人が作った社会通念に歯向かい、個人の自由を解放し、内面の欲求を吐き出すことで、若い世代の大きな支持を集めた。そこでは、過去の歴史において、キリスト教から異端とされてきた悪魔的なモチーフが大胆に取り入れられ、反社会的なイメージを強調することで、ロックのスタイルが作り上げられていった。

そのような欧米のサタニズム復興を僕らの子供の頃に垣間見ることができたのは、70年にオープンした東京タワーの蝋《ろう》人形館だった。有名ロックミュージシャンが実物大の蝋人形で再現されていたのだが、ほとんどお化け屋敷のようなイメージで、怖々《こわごわ》覗きにいった憶えがある。残念ながら、2013年に惜しまれつつも閉館してしまった。

一方では、永井豪の『デビルマン』（週刊少年マガジン／72～73年）は、もっとわかりやすく悪魔のイメージを僕らに教えてくれた。また、手塚治虫の『ネオ・ファウスト』は、ゲーテの名作『ファウスト』を下敷きにした作品で、1989年、手塚の死によって未完となった。ここでも、主人公ファウスト博士が悪魔メフィストフェレスに魂を売り渡すことで、自分の望みを叶えようとする逸話が登場していた。

さらに大人向けのオカルトとしては、澁澤龍彦が海外の異端の思想を精力的に紹介して、60年代以降の日本のアングラ文化を支えていた。もともと澁澤はフランス語の翻訳家としてデビュー、61年に始まるマルキ・ド・サドの『悪徳の栄え』がワイセツに問われた裁判で多くの文化人の支持を集めて名を上げていた。もちろん、澁澤の著作はちょっと難解でどこかエロスの匂いがするものであったが、僕らに禁断の世界を覗き見する胸の高鳴りを与えたのだった。

第六章　日本沈没と失われた大陸伝説

『日本沈没』とオカルトブーム

昭和のオカルトブームの発祥をたどると、1973年の『ノストラダムスの大予言』、74年のユリ・ゲラー来日、オカルト映画『エクソシスト』日本公開などが取り上げられるが、それらが社会現象となる下地を作ったのは、やはり73年3月出版の小松左京『日本沈没』(光文社のちに小学館文庫)だろう。

この作品は、発売とともにベストセラーとなり、上下巻合わせて400万部を超す空前の大ヒットとなった。この本がなければ、『ノストラダムスの大予言』もなかったかもしれないし、日本のオカルトブームもかなり違ったものになっていただろう。

当時、まだ子供だった世代にとっては、出版と同年の12月に公開されて大ヒットとなった映画版の印象が強いだろう。冒頭から深海潜水艇「わだつみ」で海底に潜り、世界最大の日本海溝において、地殻変動の前兆を視覚的に見せていく展開は、誰もが記憶しているはずだ。

その潜水艇のモデルとなったのは、１９７０年に就航した「しんかい」で、当時は６００メートルしか潜れなかった。だが、83年就航の「しんかい２０００」を経て、89年に就航した「しんかい６５００」は水深６５００メートルに達し、２０１２年に中国の深海調査艇「蛟竜（ジャオロン）号」が水深７０２０メートルを達成するまで、世界で最も深くまで潜れる有人深海艇として名を馳せた。海に囲まれた技術大国だからこそ、日本が深海調査において秀でていることは、『日本沈没』を通して学んだことだったのだ。

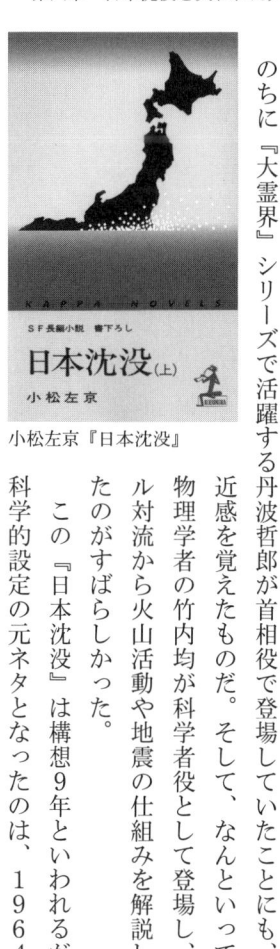

のちに『大霊界』シリーズで活躍する丹波哲郎が首相役で登場していたことにも、妙な親近感を覚えたものだ。そして、なんといっても地球物理学者の竹内均が科学者役として登場し、マントル対流から火山活動や地震の仕組みを解説してくれたのがすばらしかった。

小松左京『日本沈没』

この『日本沈没』は構想9年といわれるが、その科学的設定の元ネタとなったのは、１９６４年に出版された竹内均・上田誠也著『地球の科学』（ＮＨＫブックス）であった。この本では、アルフレート・ヴェーゲナーの大陸移動説が、戦後に科学的に立証されていった過程がまとめられている。

そこでは、大陸と海底域も含めたプレートというものが、マントルの対流の上にいくつも張り付き、それらが地球内部の活動に伴って移動することで大陸が分かれ、海が生まれ、造山運動が起こると説明された。そして、日本の地殻の底にあるマントル対流は、東太平洋海丘から上昇し、日本海溝から下方へ潜り込んでいるという。もし、その流れが急加速したら、日本沈没は充分にあり得ると考えられるのだ。そんな科学的な論証が『日本沈没』に、単なる大衆的なヒット作に収まらないＳＦ大作としての、どっしりとした貫禄を与えていた。

ドイツの気象学者アルフレート・ヴェーゲナーは、１９１２年に「大陸移動説」を発表したが、当時の科学界ではまったく相手にされず、１９３０年、極寒のグリーンランドでの調査中に心臓発作で他界している。

ヴェーゲナーによれば、日本列島も含めた世界のすべての大陸は、常に移動している。それらはもともとは、ひとつの超大陸パンゲアであったことが、いまでは科学的に立証されている。２億年前の超大陸パンゲアが、ローラシアとゴンドワナに分かれて、７０００万年前には現在の形に近づいていったというのだ。

　彼の学説が復活するのは１９５０年代、海底の磁化状態を調べると、縞模様に磁化していることがわかり、そこから「海洋底拡大説」が生まれ、地殻変動を説明する大科学理論「プレートテクトニクス」として新たに再生していく。そんな戦後に確立されたばかりの科学理論を取り入れ、日本が沈没する可能性を科学的に論証して生み出されたＳＦ小説の大傑作が、『日本沈没』だった。

　ちなみに、50年代初頭に発表された手塚治虫の『ジャングル大帝』も、もともとは大陸移動説に着想を得ている。最終回で火山噴火などの地殻変動が起こるのは、動物たちの楽園で

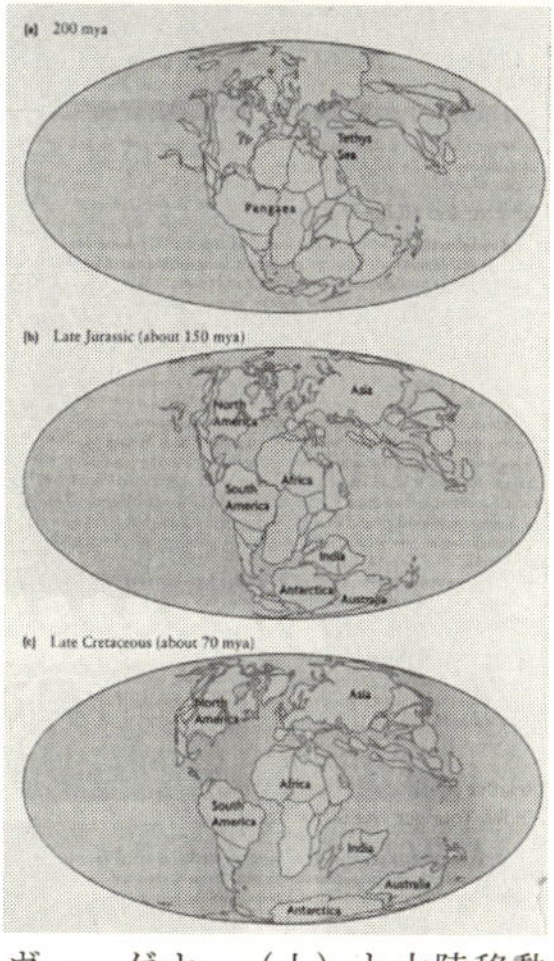

ヴェーゲナー（上）と大陸移動の図（“Our Origins”）（下）

あったひとつの超大陸が、それぞれの大陸に分かれていくという話であった。

さて、『日本沈没』と聞いて思い出されるのが、ムー、アトランティス、レムリアといった数々の失われた大陸伝説である。欧米では、ギリシャ時代のプラトンの著作にアトランティスと呼ばれた大陸があったという記述がみられる。また動植物の研究でも、大きな海を挟んで同種のものが分布する理由が説明できないことから、失われた大陸が存在したのではないかと考えていた科学者は少なくなかった。

だが、そんなノスタルジックな伝説を容赦なく葬り去ったのが、まさに大陸移動説であった。そういう意味では、戦後になって、国境や大陸を越えた地質や古生物発掘の調査が本格的に可能となって初めて、気象学者の立場から地球を一望していたヴェーゲナーの大陸移動説という大発見が復活したのは、時代の要請であったともいえる。

小松左京がSF作品に込めた日本人論

小松左京の『日本沈没』は、「戦後の高度経済成長に沸く日本を、突如として大災害が襲う」という内容で大ヒットとなり、73年公開の映画版も、翌年と合わせて2年連続で邦画興行ランキング1位という輝かしい成績を打ち立てた。そのことは、日本では一部のマニアのものであったＳＦが、大衆小説として読まれるようになるきっかけでもあった。

その後、78年には『スター・ウォーズ』の大ヒットからＳＦ映画の話題作が続き、ＳＦブームが拡大した。また、『日本沈没』の科学情報をサポートした地球物理学者の竹内均は、映画版で科学者役として登場したことから知名度を上げ、「大陸移動説」や「プレートテクトニクス」といった言葉を広めるだけでなく、１９８１年には念願の科学雑誌『ニュートン』を自ら創刊して、このジャンルの先駆けとなった。

『日本沈没』が出版された１９７３年は、オイルショックの到来とともに、戦後の高度経済成長がつまずいた年であった。たとえば、オイルショックによる石油の高騰からトイレットペーパーがなくなるという噂が広まり、主婦がスーパーに殺到するなど、日本中が大騒ぎになったのである。まさにそんなタイミングに『日本沈没』が出版されたことは、その後のオカルトブームの先駆的かつ予兆的な出来事となった。そればかりか、世界的には、公害問題やベトナム戦争、米ソ冷戦を背景に核戦争の危機が叫ばれ、西洋文明や科学技術に対しての厳しい批判が巻き起こっていた時期でもあった。

『日本沈没』のストーリーは、タイトル通り、地殻の大変動によって、地震、津波、火山噴火、地盤沈下が起こり、日本が沈没してしまうというパニックＳＦ大作であるが、単に主人

『日本沈没【東宝DVD名作セレクション】』DVD発売中¥2,500＋税（発売・販売元：東宝）

公が助かればいいというものではなかった。実際、その結末もハッピーエンドとはいえない。そこに暗喩されている小松独自の日本人論は、小説では「日本人はみんな、この島といっしょに死んでくれ」、映画では「何もせんほうがええ」というセリフに集約されているように思う。日本人というものは、日本列島という土着の地を失っては、もはやアイデンティティを保つことはできないということなのだ。つまり、日本列島が沈没するならば、いっしょに沈まなければならないのではないかと皮肉っているのだ。太平洋戦争の玉砕主義を思い起こさせるような痛烈な批判精神である。

小松は、戦後景気に浮かれていた日本人に、沈没という危機を突きつけることで、ある種の覚醒を諭していたように思う。そんなシリアスさが、その後の日本のオカルトブームをますます燃え上がらせたように思えてならない。

小松は『日本沈没』ののち、80年には『復活の日』（早川書房のちに角川文庫、ハルキ文庫／64年）を角川で映画化して、大ヒットさせている。

米ソ冷戦下で開発された細菌兵器ＭＭ‐88菌を搭載した小型機が冬のアルプス山中に墜落、やがて春を迎え、その菌が世界中を襲い、人類を滅亡の危機に陥れる。南極にわずかに残った人類は、皮肉なことに米ソの核ミサイルによって再び滅亡の危機に立たされるが、同時に、その強力な細菌兵器は核攻撃で無力化され、人類に復活の日をもたらしてくれるというのだ。

壮大なスケールで描かれるストーリーであるが、なんといっても印象深いのが、生き残った人類の男女比である。小説では男１万人に対して女16人、映画版では男８５５人に対して女８人。ここでは子孫を残す重要性とともに、多過ぎる男性たちの性処理問題が平然と語られることに驚かされる。

南極の最高会議と称する場では、２年あれば、男性隊員をすべて一巡できるんじゃないかというトンデモない発言も飛び出している。物語の論点は、人類の存亡よりも、数の少ない女性を多数の男性でどう分配するかという、まるで慰安婦を連想させるようなストーリーになっているのだ。人類滅亡の危機を乗り越え生き残ってみたものの、女がほとんどいなかったという現実に直面するという、不思議なパニックＳＦ大作となっているのだ。

もし仮にこれが西洋人の作家であったら、残った男たちで能力を競い合い、勝者となった者たちだけが女を手に入れることができるような展開になっていただろう。ここでもまた、小松は日本の民族性を露骨なほど描き出し、単に主人公が危機を脱して助かるというストーリーではなく、多くの問題提起を含む作品へと昇華させているのだ。

小説、映画ともに大ヒットとなった『日本沈没』の勢いに乗って、小松の夢が宇宙へと突き進んでいったのが、84年公開の『さよならジュピター』であった。

小松は、自らが総監督を務め、ノベライズと映画化を手掛け、名作『2001年宇宙の旅』を超えるSF超大作映画を日本で作るという意気込みをもって全力で臨んだ。しかし、内容的に詰め込みすぎたため、商業映画としては大コケしてしまう。それでも、その活躍ぶりは、SFを大衆化したばかりではなく、小説、映画、テレビがリンクしたメディアミックスの先駆けとなり、科学の啓蒙という意味でも大きく貢献したことは間違いない。さらには、小松の作品が内容的にも長く評価され続ける秘密は、常に文明批判や問題提起を含んでいたからでもあったのだ。

ちなみに2006年、『日本沈没』がリメイク版として再映画化され、同じ年に、筒井康隆によるパロディである『日本以外全部沈没』(73年9月発表)も映画化された。またこのタイミングで、小説版の『日本沈没　第二部』(小学館)も着手されたが、小松が高齢のため、そのアイデアを別の執筆者が仕上げるというものであった。だが、もはやリメイク版においては、小松の毒気ある日本人論は姿を消している。

ポスト3・11の『日本沈没』再評価

２０１１年7月26日、小松左京は永眠した。あらためて『日本沈没』を読み返してみると、3・11の東日本大震災を予見していたばかりでなく、福島原発事故に対する政府の無策ぶりまですでにお見通しだったように思える。有名な話だが、95年の阪神・淡路大震災のときも、自身の作品が現実となったといい、復興支援に熱心であった。小松は、3・11の大災害をどのような心境で受け止めたのであろうか。

21世紀になって、地球は地殻変動期に突入したといわれている。巨大地震頻発の兆候は、２００４年、マグニチュード9・0の「スマトラ島沖地震」に始まり、10年2月の「チリ中部地震」（M8・8）、11年3月の「東日本大震災」（M9・0）に連鎖している。浜岡原発直撃の「東海大地震」、首都を襲う「関東大震災」、関西に迫る「西日本大震災」など、必ず来るであろう大地震がすでに想定されている。それなのに、日本政府の対応はほとんど改善されていないように思う。

なぜ、こんなことになっているのか。その理由は名著『日本沈没』ですでに説かれていたことだった。

震災直後、政府の対応の遅さ、情報の隠蔽や統制、マスコミにおけるジャーナリズム崩壊などが多く指摘された。果ては未確認な情報に「安全」「ただちに影響ない」と無責任に言い放つ政府に対して、戦争時代に虚偽の情報で日本国民を操った「大本営発表」のようだという批判もネット上に噴出するほどであった。まるで玉砕を宣言した太平洋戦争のときのように、〝お国のため〟に一部の国民が切り捨てられているようにみえる。

小松が『日本沈没』で描いたように、為政者からみれば、一般国民は〝日本という島〟を失っては、もはや日本人のアイデンティティを保つことはできない土着民たちなのだ。そして、その考えは21世紀になってもまったく変わっていなかったことが、大災害が起こったことで暴露されたというべきだろう。

もし、もう一度巨大地震が来たら、再び原発の暴走を引き起こしたら、どうするつもりなのだろうか。いざとなれば、彼らは国民を犠牲にして〝日本〟だけを守り通せばいいと思っているのだろうか。

これこそが、名著『日本沈没』で描かれた戦前から戦後に至っても未解決のままの日本の根本問題であり、3・11以降、さらに時代に逆行する恐るべき日本人の本質とはいえないだろうか。

「この島といっしょに死んでくれ！」という『日本沈没』のセリフは、いまだからこそ、ますますリアルに僕らの心に響いてくる。小松が指摘した日本の根本問題はいまだ解決されないままである。あるいは、自覚さえもされていないのだろうか。

それゆえに、小松左京の『日本沈没』を抜きにしては、70年代の日本のオカルトブームを語ることはできないのではないかと思うのだ。

日本列島はムー大陸だった⁉

僕らは、ムー大陸が大好きだ。なぜなら、はるか昔にムー大陸があったとされたのは、太平洋のハワイ諸島からイースター島までを含む、ポリネシア地域であったが、もしかしたら、日本列島もムー大陸の一部であったかもしれないからだ。

確かにムー大陸は、人類最初の文明が栄えたとされた大陸であったが、突如として襲った天変地異によって沈没したのではないかといわれた。それでも、幻のムー大陸が日本文化の発祥地であったなら、それは世界に誇れるものであったろう。

73年、日本のオカルトブームの先駆けとなった『日本沈没』にしても、SF小説の体裁をとりながらムー大陸を連想させる「沈没」というアイデアが、ベストセラーへの引き金となったのは間違いない。79年創刊のオカルト専門誌『ムー』しかり、人気テレビ番組『ムー一族』（TBS系／78～79年）しかり、そのタイトルは当時のオカルトブームを大いに反映したものだったろう。とにかくそこにあるのは、過去に栄えた古代文明が何らかの天変地異によって大陸ごと沈んで滅んでしまうという、ノスタルジックな終末論であった。

もともとムーという言葉は、古代マヤの絵文字解読を行っていたフランスの聖職者シャルル・ブラッスールが、1862年頃、MU（ムー）という王国がマヤ文明を含めた世界の文明の発祥であるという解読結果を発表したことから知られるようになった。いまでは、ブラッスールの解読は、絵文字をアルファベットに対応させようとしたことから、根本的な誤りであることがわかっているが、ムーという言葉は、のちに幻の大陸の名前として一世を風靡することになる。

日本におけるムー大陸ブームのきっかけは、1968年にジェームズ・チャーチワードの『失われたムー大陸』（原書1931年刊）が出版されたことによる。それは創立間もない大陸書房から発売されもので、たちまち話題の書となった。大陸書房の〝大陸〟は、もちろん、ムー大陸から取られたもので、この出版社は大陸ブームの火付け役として、70年代の日本のオカルト黎明期を支えた。

著者チャーチワードは、イギリスの軍人としてインドに駐留した際に、ナカールという粘土板に出会っている。彼はそれが、ウィリアム・ニーベンという人物がメキシコで発見したという2500点あまりの石板とともに、ムー大陸の聖典を元に記されたものであると主張したのだ。そして、ムー大陸は人類の文明の発祥地であり、エジプトのピラミッドと南米の巨石遺跡の形状が似ていることも、そこから説明できるとした。さらにチャーチワードの本には、日本がムー大陸の文化を受け継ぐ国のひとつとして登場していた。

ジェームズ・チャーチワード『失われたムー大陸』

ちなみに、日本が戦下にあった1942年にも、このチャーチワードの著作の翻訳が『南洋諸島の古代文化』（仲木貞一訳／岡倉書房）というタイトルで出版されている。日本がムー大陸の子孫であるという物語は、大東亜共栄圏を唱えて南洋の諸国を支配しようとしていた日本政府にとっても、興味深いものだったのだろう。

いこう。

プラトンに始まるアトランティス伝説

ここで、最初の大陸伝説を広めた哲学者プラトンによる、アトランティスの物語からみていこう。

プラトンは、紀元前427年から紀元前347年を生きた古代ギリシャの哲学者で、ソクラテスの弟子にして、アリストテレスの師である。彼は、紀元前4世紀頃の著書『ティマイオス』と『クリティアス』において、哲学者ソロンがエジプトの神官から聞いた話として、アトランティス大陸について語っている。それは優れた文明を誇りながらも、突然の天変地異によって一夜にして海に沈んだといわれた。

また、アトランティス伝説が寓話を超えて、ひとつの事実として信じられるようになったきっかけに、西暦79年のベスビオ火山の大噴火によって、イタリアの古代都市ポンペイが一晩にして壊滅したという事件があった。それを記したローマの歴史家プリニウスも、火山爆発に巻き込まれて命を落としたことから、現代にまで語り継がれる天変地異による文明崩壊の実例となった。そして、アトランティス伝説もまた、ベスビオ火山の大噴火が一夜にしてポンペイを壊滅させたように、大災害による文明崩壊の史実として受け止められたのだ。

図2　ムー大陸やアトランティス大陸があったとされた場所

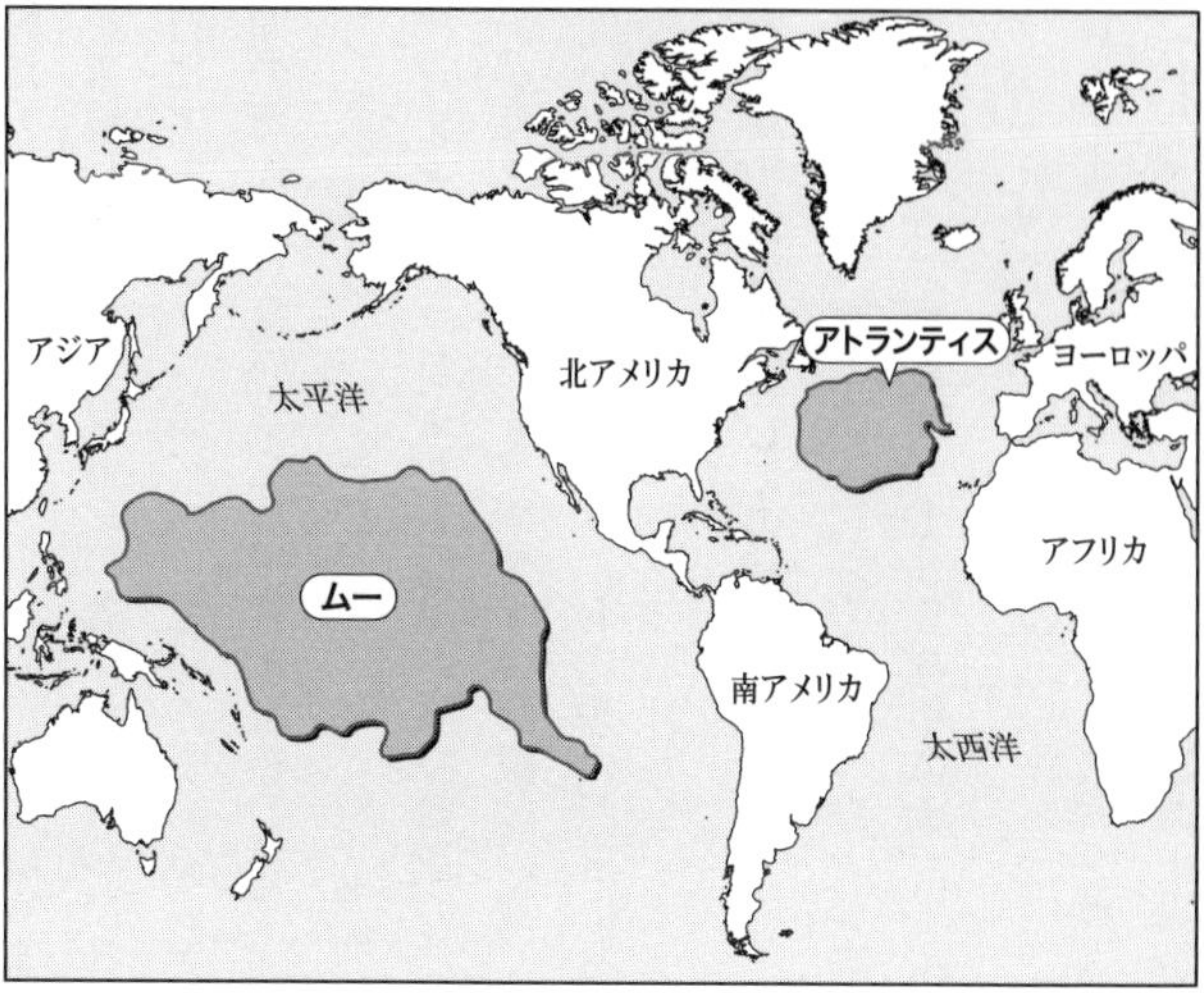

大航海時代となってヨーロッパ諸国が植民地獲得で競い合い、世界地図の制作が進むと、アトランティス大陸はいったいどこにあったのか、実証的に語られるようになっていった。1882年にイグネイシャス・ドネリーが著した『アトランティス』は、まさにアトランティス大陸が過去に実在したのではないかと読者に信じ込ませる内容で、それに感化された当時のイギリス首相ウィリアム・グラッドストンは、国をあげてアトランティス大陸の捜索に乗り出そうとしたほどであった。

ちなみに、プラトンが私塾「アカデメイア」の入口に「幾何学を学ばざる者、この門に入るべからず」と掲げていたのは有名な話だ。哲学に限らずプラトンの影響力は凄まじく、近代科学の始まりは、数学的な自然解釈を重視した後期プラトンの著作が復興したことからともいわれる。

特にアトランティスについて語っている『ティマイオス』や『クリティアス』はプラトン後期の著作で、幾何学を重視した自然の数学的解釈に言及している点でも影響力を持った。『ティマイオス』で語られるプラトンの正多面体を、宇宙の法則に結びつけることで、17世紀に天文学者ケプラーが太陽系の惑星軌道の法則性をみつけ出したのは有名だ。そんなプラトンが書き残したアトランティス伝説は、長くその実在が信じられてきたとともに、人間の霊性の拠り所として、オカルト思想の源泉にもなってきたのだ。

霊的進化の拠り所としての謎の大陸

アトランティス、ムーに並び、もうひとつの謎の大陸として知られているものに、レムリア大陸がある。これは、1859年にチャールズ・ダーウィンが発表した『種の起源』をきっかけとした論争から生まれた。

レムール（キツネザル）とは、主にマダガスカルで見られる哺乳類で、大きな海を隔てたインドなどにも生息しているが、もし進化論が正しいとするなら、どうやって海を渡ったのかを説明する必要に迫られた。1874年、イギリスの動物学者フィリップ・スクレーターは、レムールにちなんでレムリアと名付けた大陸が、アフリカのマダガスカルからインドや東南アジアにまで広がって存在していたのではないかという自説を唱えた。著名な動物学者アルフレッド・ウォレスがこれを支持したことから、一時は大きな支持を集めた。ドイツの博物学者エルンスト・ヘッケルは、『自然創造史』（1868年）で、レムリア大陸でサルからヒトへの進化が行われ、それらの化石は大陸とともに消滅したと主張したほどであった。

アトランティス、ムー、レムリアといった謎の大陸伝説は、2つの世界大戦を挟んで、一部の科学者たちに支持されていた。だが、戦後に潜水艦や磁気計が発達して海底調査が進むと、アルフレート・ヴェーゲナーの大陸移動説が科学的に証明され、大陸伝説はアカデミックな世界からは排除されていく。

マダガスカルに生息するレムール

それでも、19世紀の神秘主義を継承するブラヴァツキー夫人やルドルフ・シュタイナーらは、アトランティスやレムリアを象徴的なものととらえ、人類の霊的進化の拠り所として大陸伝説を守っていくことなる。

ブラヴァツキー夫人はロシア出身で、19世紀の英国心霊主義（スピリチュアリズム）の立役者というべき優れた霊媒ダニエル・ダグラス・ホームの助手を務めたことから霊感に目覚め、1875年、ヘンリー・オルコットとともに神智学協会を設立した。彼女は、霊視によって独自の霊的進化を唱え、その後の神秘主義ブームを支えることになる。そこでは、アトランティスは人間が霊性に目覚めて文明を立ち上げるための精神的な拠り所として重要視された。

もはやアトランティスは、過去に実在した大陸であるかどうかを超えて、オカルティックなパワーを発揮する超古代文明の象徴となったのだ。つまり、人間が肉体を持っているのは高い次元に昇るための霊的進化の一形態で、アトランティスとは、動物的存在から霊的存在への通過段階となっていく。

そのようなアトランティスの神秘主義的解釈は、ルドルフ・シュタイナーにも継承された。シュタイナーは、神智学協会を経て、1912年に自ら人智学を立ち上げ、オカルト思想の体系化に努めた人物である。後期プラトン主義の流れを汲むゲーテを読み込み、その成果は独自の建築ゲーテアヌム、子供の自主性を尊重するシュタイナー教育などに結実している。

（左）ブラヴァツキー夫人、（右）ルドルフ・シュタイナー

相対性理論のアインシュタインや発明家エジソンと同時代を生き、科学と芸術を高い次元で融合し、社会運動や教育を推進して、21世紀的なエコロジー思想の基礎を生み出してきた。

だが一方、アトランティスの霊的解釈は、第二次大戦期には、ナチスの選民思想においても巧妙に利用されていった。つまり、アトランティス大陸の生き残りとしてその血統を継ぐとされたアーリア人とは、まさにゲルマン民族のことであるとみなされ、同時にユダヤ人が劣等人種として迫害されることにつながったのだ。

そんな危険なアトランティス解釈に抵抗を試みたのが、太平洋のムー大陸を仮想することで最後の楽園を夢見た、イギリスのチャーチワードであった。そこでは、すでにムー大陸は科学的な実証性から逸脱し、人々の願望を投影するファンタジーに変貌していたのは仕方ないことだったろう。

そして、ムー大陸へのロマンは日本でも生き続けている。科学雑誌『ニュートン』の創立者で知られる地球物理学者の竹内均は、『ムー大陸から来た日本人』（徳間書店／80年）を著している。また、与那国島の海底遺跡を調査している木村政昭は、この遺跡こそが日本の古代文明であり、ムー大陸と結びついていると主張している。いまだに大陸伝説への憧れは尽きないのだ。

大陸ブームの切り札「地球空洞説」

70年代、大陸書房が仕掛けた大陸ブームにおいて、いまもなお異彩を放ってやまないのが、73年に邦訳が出版されたレイモンド・バーナード『地球空洞説』（原書69年）である。もし地球が空洞だったら、そこに住むのは地底人なのか？　地球空洞説という言葉だけでも、僕らの妄想は加速して止まらないのだ。

地球空洞説は、18世紀、エドモンド・ハレーやレオンハルト・オイラーらが、極地のオーロラ現象は地球内部から光が漏れているからとしたことから始まった。極地の本格的な探検によって、地球が空洞であることが証明されるだろうと考えられていたのだ。

そして、問題の書『地球空洞説』は、1926年以降、飛行機による極地探検にたびたび挑んだアメリカ海軍のリチャード・バード少尉が空洞内に侵入を試みた最初の人間であるとして、彼の記録をもとに、空洞説を検証していく。また、ウィリアム・リードの『両極の幻想』(1906年刊)、マーシャル・ガードナーの『地球内部への旅・両極は実際に発見されたか?』(1920年刊)に基づいて、地球は両極に入口のある空洞であるというストーリーが壮大に展開されていくことになる。そして、最後にはアトランティスの超古代人が地球内部で高度文明を築き、UFOを飛ばしているのではないかという驚愕の結論に達するのである。

さらにここで、地球空洞説に熱を上げていたのはナチスであったという話も付け加えておきたい。

実際ヒトラーは、1938年から幾度も探検隊を南極に派遣していた。当時、南極大陸はどこの国も支配していなかったので、先手を打って領有権を主張しようと乗り込んだといわれる。だが、その本当の目的は、地球内部への入口を探すことであったともいう。そんな衝撃的なナチスのオカルト計画をスクープすることで、欧米におけるオカルトブームの火付け役となったのが、第1章でも述べた『魔術師の朝』（60年）である。この本は、その後も長くオカルト情報の元ネタとなってきたのだ。

また、地底探検といえば、76年、矢追純一ディレクターが手掛けた『地底怪獣王国探検』（日本テレビ系）を紹介しないわけにはいくまい。この番組は、アマゾン奥地ベネズエラのギアナ高地にあるサリサリニャーマと呼ばれる、先カンブリア時代の砂岩層に陥没した巨大な縦穴を探検するというもので、ジュール・ヴェルヌの『地底旅行』（１８６４年）からアイデアを得たという。深さ約３５０メートルともいわれる縦穴は、まだ人間が誰も足を踏み入れたことのない未踏の空間であり、そこに日本のテレビ局が初めて挑戦するというリアルな緊張感が強烈な印象を残した。壁面を降下する隊員たち、降り続く雨、残り少なくなる食糧、得体の知れない動物の死骸、大量に積もった謎の植物の種など、そこには地球空洞説を連想させる地底へのロマンと恐怖があったのだった。

ここでも、海外のオカルト情報が日本のテレビメディアの中で、ある種のエンターテインメントへと変換されていく過程がわかるのである。

謎の大陸伝説は終わらない

ヴェーゲナーの大陸移動説やプレートテクトニクスといった科学理論が立証されたことで、完全に葬り去られたかのようにみえた大陸伝説であったが、ピリ・レイスの世界地図が再び大きく取り上げられることで、新たな伝説への下地が準備されていくことになる。

つまり、ピリ・レイスの世界地図に描かれた氷に覆われていない南極大陸と思われるものこそが、アトランティス大陸であり、過去に地球の極移動（ポールシフト）が起こったことから、南極大陸は氷に覆われてしまっているというのだ。

その解釈を最初に公にしたのは、アインシュタインとも親交があったチャールズ・ハプグッドであった。１９６６年、彼は著書『古代海王たちの地図』の中で、南極大陸こそがアトランティス大陸であったと断言し、ピリ・レイスの世界地図こそが先史時代に高度な文明が存在していた根拠となると主張した。またハプグッドは、過去に文明が栄えた南極が氷に覆われたのは、30度程度の地軸移動が起こったからであろうと説明したのである。

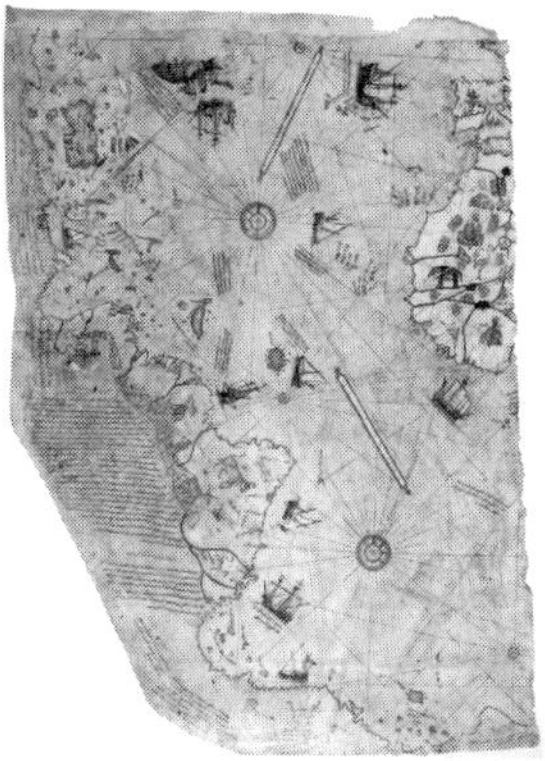

ピリ・レイスの世界地図

そのハプグッドの解釈をもとに、90年代半ば、グラハム・ハンコックがアトランティス伝説を「超古代文明」というストーリーに転換して、世界的なブームを引き起こした。1995年出版の『神々の指紋』は、世界で600万部を超えるベストセラーとなり、ほとほと、欧米諸国の人々は古代文明の謎がお好きなのだなと思わざるにはおれない。

ハンコックのジャーナリストとしての説得力ある語り口で明らかとなる新仮説は、エジプトのピラミッドの配置はオリオン座の三ツ星と同じである、スフィンクスの建造年は雨による侵蝕からサハラが砂漠になる以前の約1万5000年前、さらにはマヤ暦からわかった2012年人類滅亡説など、それまでの大陸伝説を刷新する要素を持っていた。

それぞれの仮説の信憑性は別として、もし、実際に極移動が起こったらどうなるのだろうか。2012年、マヤの予言に基づく人類滅亡の危機が騒がれたときも、突然の極移動による天変地異が起こるのではないかと恐れられた。小さな極移動は、2004年のスマトラ島沖地震でも起こっており、地球の地軸自体が固定されたものではないことは科学的な事実である。

ハンコックにおけるポイントは、もしハプグッドの主張を受け入れるなら、1万2000年前に地球の極移動が起こったと考えられ、そのことを根拠に、過去に高度な超文明が存在していたと結論付けたことだ。さらにハンコックは、宇宙人ではなく古代人が高い精神性（スーパーナチュラル）を持っていたために、現代人が驚くような文明を作り得たのではないかという説を展開し、その支持者を増やしていった。

そんなハンコックに真っ向から挑んだのが、『アウトサイダー』や『オカルト』で長年出版業界に君臨してきたコリン・ウィルソンである。彼も晩年になってアトランティス伝説に取り組み、ハンコックと同じピリ・レイスの世界地図を頼りに独自の古代史解釈を展開している。ウィルソンはホモサピエンス以前のネアンデルタール人が、すでに高度な文明を持っていたのではないかと考え、10万年を遡る超古代文明論を展開した。彼は、最後までハンコックに対するライバル意識を燃やしていたことだろう。

だが、90年代に経済雑誌『エコノミスト』のジャーナリストから作家に転身しエリートの雰囲気漂うハンコックに、カウンターカルチャーの時代に成功したコリン・ウィルソンは敗れることとなった。

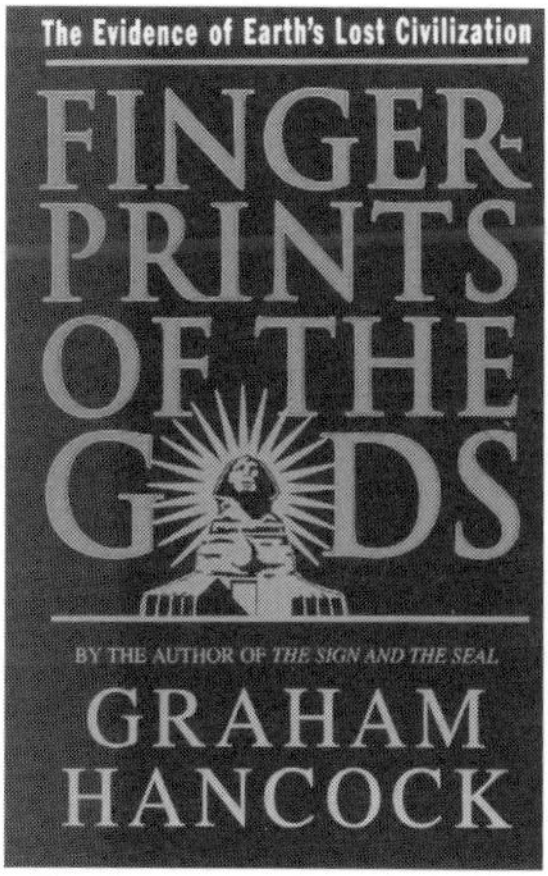

グラハム・ハンコック『神々の指紋』

商売上手のハンコックは、現在もさらなる精神主義と超古代文明の可能性を布教し続けている。そんなハンコックの姿が現代のジョージ・アダムスキーのようにみえてしまうのは、筆者だけではないだろう。

第七章　ノストラダムスの大予言と人類滅亡

『ノストラダムスの大予言』の衝撃

『ノストラダムスの大予言』は、昭和オカルトブームにおけるビッグバンだった。

その本が出版された1973年は、オイルショックにより戦後の高度経済成長において初めての経済危機に直面し、小松左京による9年がかりの大作『日本沈没』が爆発的にヒットしていた。日本の次は世界とばかりに、女性週刊誌のルポライターで小説家志望の五島勉が、辞書を片手に友人から借りた洋書のノストラダムス研究本を独自に解釈して仕上げたのが、『ノストラダムスの大予言』であったという。志水一夫著『トンデモ ノストラダムス解剖学』（データハウス／98年）によれば、その友人とは、オカルト関連書籍の翻訳家として著名な南山宏であり、洋書とはヘンリー・ロバーツとスチュアート・ロブの2冊という。のちに五島は、それほどのベストセラーになるとは思っていなかったとも語っている。それでも、日本ではほとんど知られていなかったノストラダムスをこれほど有名にしたのは、すべて彼の功績だろう。

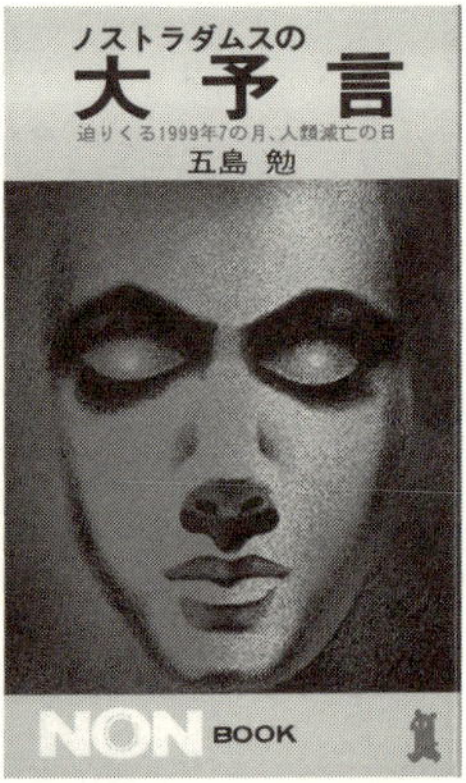

五島勉『ノストラダムスの大予言』

さらに、1999年に人類が滅亡するという予言は五島独自の解釈であったが、その明瞭さゆえに大ブームを巻き起こし、多くの日本人にトラウマのごとき強烈な印象を残すことになった。実際、『ノストラダムスの大予言』以降、滅亡の日とされた99年まで、人類滅亡への恐怖を煽る終末論が、そのときどきの世相や流行を反映しながら再生産され続けたのだ。

さらに『ノストラダムスの大予言』は翌74年に映画化され、ゴジラシリーズでカルト的な作品とされる『ゴジラ対ヘドラ』(71年)、映画『日本沈没』と並んで、東宝の公害三部作とされている。特に『ノストラダムスの大予言』は、当時、農林省食品総合研究所室長であった西丸震哉らが科学アドバイザーを務め、人類の滅亡の危機をあまりにも辛辣に描きすぎたために行き過ぎの感もあり、のちに封印作品となっている。このことがますますノストラダムスの存在をミステリアスなものにした。

ちなみに西丸震哉は、90年に『41歳寿命説』（情報センター出版局）で再び世間を騒がせている。『日本沈没』に地球物理学者・竹内均がいたように、映画『ノストラダムスの大予言』には西丸がいたというべきだろう。

映画の中で丹波哲郎扮する環境研究所所長・西山良玄のモデルは、明らかに西丸震哉に間違いない。１９７４年出版の『実説　大予言』（祥伝社）という五島勉と西丸震哉の対談集では、西丸の持論である世界人口の増大と異常気象による大飢饉や食糧不足、地球寒冷化と氷河期の到来、防腐剤ＡＦ２を用いた食品による体内汚染、地球の磁場変化と宇宙線による突然変異、さらにそこで戦争が起こったらどうなるかといった、人類滅亡へのシナリオがずら

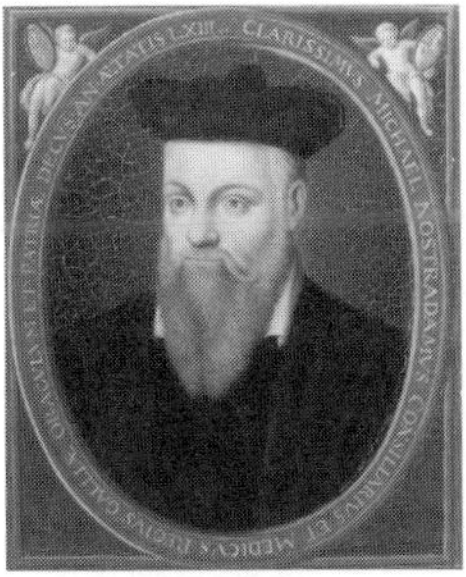

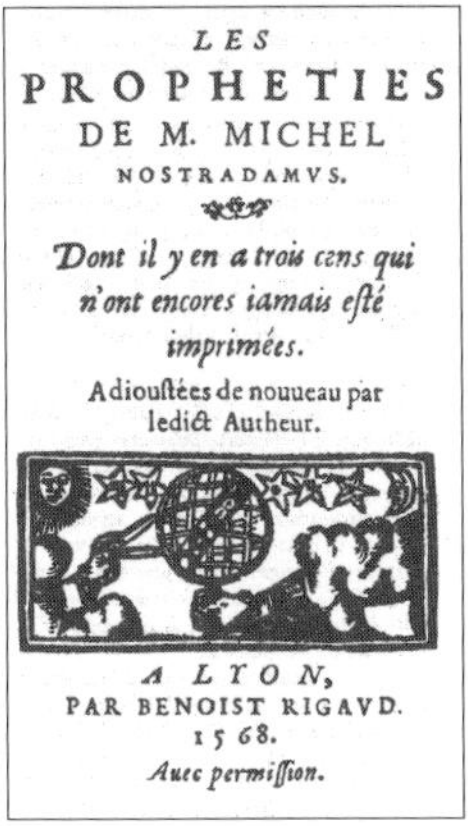
LES
PROPHETIES
DE M. MICHEL
NOSTRADAMVS.
Dont il y en a trois cens qui n'ont encores iamais esté imprimées.
Adiouftées de nouueau par ledict Autheur.
A LYON,
PAR BENOIST RIGAVD.
1568.
Auec permission.

（上）ノストラダムスの肖像画、（下）『予言集』

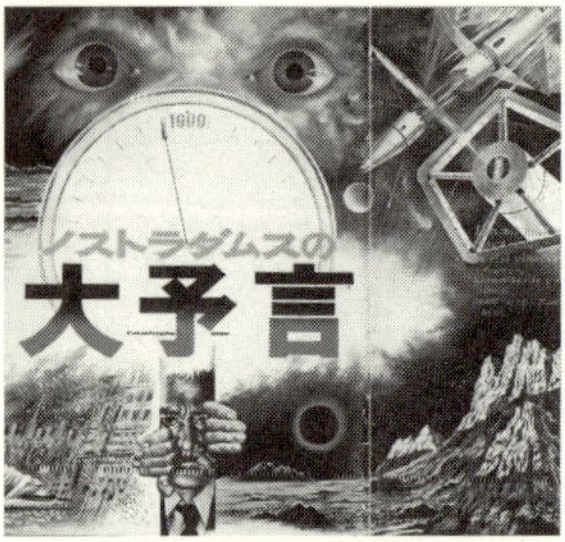

映画『ノストラダムスの大予言』（パンフレット）

りと並んでいる。映画版は、それらを映像化したところに五島訳の予言文が朗読され、主人公の丹波による説法が続く洗脳的な作品であった。

当時はオイルショックばかりか、ベトナム戦争、公害問題、ヒッピームーブメントなど、世界中にいい知れぬ不安が立ち込めた落ち着かない時代であった。映画『ノストラダムスの大予言』は、そんな世界を映し出す鏡のように日本国民に見せつけたことで、独特のリアリティを与えたのだ。

世界の予言ブームと三大予言者

一方、海外における予言ブームは、戦前からアメリカの社交界で活躍していたジーン・ディクソンがけん引役となった。

彼女の名が世界に轟くようになるのは、63年11月23日のケネディ大統領暗殺を予言していたと報じられたからで、65年発売の自伝的小説『水晶の中の未来』（早川書房／66年）はベストセラーとなった。ディクソンの予言は、水晶玉を見て未来を占うというスタイルで、テレビや映画に登場する予言者のステレオタイプ的なイメージになった。

ところで、ジーン・ディクソンの予言は常に当たるとされていたために、外れた予言については あまり報道されなかったり、皆が忘れてしまうという不思議な現象が指摘されていた。そのような現象は、数学者ジョン・アレン・パウロスによって「ジーン・ディクソン効果」と呼ばれ、カリスマ性を持った予言者の場合、その信奉者たちが信じる予言に現実が合わせてしまうということが起こり得るとされた。そのような分析は、のちに予言のメカニズムの解明の研究に役立っている。

もうひとり、著名な予言者として忘れてならないのが、「眠れる予言者」として知られるエドガー・ケイシーである。

1877年生まれのケイシーは、24歳のときに突然失語症となり、その治療のために催眠治療を受けた際に別人格が現れ、その治療法を語り出したことをきっかけに、ほかの人の身体の透視も行うようになっていった。その行為はリーディングと呼ばれ、現在では、1万4000件に及ぶリーディングの記録がエドガー・ケイシー研究啓蒙協会に保管されている。

彼の予言者としてのデビューは46歳のとき、印刷業者アーサー・ラマースの勧めで、人類の未来についてもリーディングを行ったのだ。ケイシーは人類の発祥であるとされるアトラ

（左）ジーン・ディクソン、（右）エドガー・ケイシー

ンティスの時代にまで遡り、過去・現在・未来のすべての霊的な情報が詰まっているアカシック・レコードにアクセスすることで、個人ばかりか、人類の未来をも予言できるとした。

彼はアトランティス大陸の再浮上や、ピラミッドに隠された文献の発見、日本列島の沈没などを予言していたが、残念ながら、それらはどれも当たらなかった。それでもケイシーのリーディングによる治療は、1945年の彼の死後に広く知られるようになり、同時に彼が説いたアトランティス伝説と輪廻転生をもとにした未来の予言は、独自の説得力を持って人々を魅了し、大いに人気を博した。

『ニューズウィーク』の副編集長からノンフィクション・ライターに転じたジェス・スターンは、63年に『予言』（弘文社／65年）を著して、その中でジーン・

ディクソン、エドガー・ケイシー、さらにノストラダムスを紹介していた。ここから、この3人が三大予言者といわれるようになった。

ノストラダムスとは何者か

ノストラダムスは、本名をミシェル・ド・ノートルダムといい、1503年にフランスのサン＝レミ＝ド＝プロヴァンスの商人の家に生まれた。モンペリエ大学医学部で学び、中世末期のペスト流行の時代にあって、その治療に尽力した。

16世紀はルネサンスのまっただなかで、同時代にはレオナルド・ダ・ビンチ、ミケランジェロ、パラケルスス、ジョン・ディーらがおり、彼もまた医学と占星術を修めた万能人として生きた。当時は、カトリックとプロテスタントによる宗教戦争が続き、大航海による世界探検の一方で貧困と疫病が蔓延する、混沌とした時代であった。彼の予言は、ある意味、その時代のヨーロッパの状況を反映していたものともいえるのだ。

ペストで妻と子供を失ったノストラダムスは、再婚してサロン・ド・プロヴァンスに移り住み、1550年頃から、占星術をもとに毎年のように『暦（アルマナック）』を出版して人気を得るようになる。それは庶民向けのカレンダーで、日付ごとに運勢占いや天候の予想、料理のレシピといった生活の知恵が書かれ、さらに月ごとに「予兆」として、四行詩による予言も綴られていた。そして、『暦』で名を上げたノストラダムスは、四行詩のスタイルを使って、2797年までの予言を記した1000編に及ぶ予言の執筆に取りかかるのだった。

1555年には、占星術好きの王妃カトリーヌ・ド・メディシスからの宮廷への招きを受けるとともに、同年、それらの予言を収めた『百詩集』の初版を出版した。それは、全4巻353編を収めたもので、版を改めるごとに巻数も増えることになり、全10巻に及び、『予言集』とも呼ばれている(五島勉の大予言に登場する『諸世紀』という書名は誤訳とされている)。

1959年、国王アンリ2世が馬上槍試合の事故で亡くなると、そのことはノストラダムスに予言されていたという噂が広がった。一説には、突然の国王の死に国内が混乱することを恐れた王妃が、予言者ノストラダムスを利用したともいわれる。若くして王座についたシャルル9世は、王妃とともに、ますますノストラダムスに頼り、その後、彼は王室の侍医となり、1566年に亡くなるまで仕えた。

ノストラダムスは『予言集』のまえがきで、天上の真理による直感的認識は、世俗の人々にさらされてはいけないと語っており、その内容は当時としても難解なものであった。それでも、彼の予言が絶大な力を持ったのは、フランス王室の加護を受けていたからであった。ノストラダムスの死後、その息子セザールは膨大な遺産を相続して優雅な生涯を送ったが、自らが父親の肖像画を描くことで、その後継者としての地位を確固たるものにした。僕らが知っているノストラダムスは、まさに息子セザールによって描かれた伝説の予言者としての姿であった。

世界のノストラダムスブーム

生前から予言者として名を馳せたノストラダムスは、フランス革命やナポレオンの登場などで世の中が荒廃するたびに、その予言が当たったと評判になり、母国フランスで何度もブームとなった。もちろん、ノストラダムスの名声は早くからフランスの外にまで届いていたが、それが〝予言〟として読まれたのは、フランス特有のことであった。世界的な規模でノストラダムスが予言者として脚光を浴びることになるのは、第二次世界大戦への危機が高まってからである。

１９３８年、フランスでマックス・ド・フォンブリュヌが著したノストラダムスの『予言集』の注釈書が、第二次世界大戦勃発を指摘したことから話題となった。その本は、２年後にドイツがフランスを占領すると発禁となったが、ナチスの国民啓蒙・宣伝大臣を務めたヨーゼフ・ゲッベルスは、ノストラダムスの予言をナチスの欧州支配に利用できると考えた。一説では、ゲッベルスの妻マグダが、1939年にドイツがポーランドに侵攻して第二次世界大戦が始まった直後、ハンス＝ヘルマン・クリツィンガーのノストラダムスの予言解釈本『太陽と霊の神秘』（1922年）を入手して、ゲッベルスにその利用を示唆したともいわれている。

ナチスは、スイス人の占星術師カール・エルンスト・クラフトをナチス専属の予言解釈者として登用し、自分たちに都合の良い予言でチラシを作り、フランスの地方都市に飛行機からバラまくなどして、フランス人たちの戦闘意欲を削ごうとした。ところが1941年、ナチスにおける神秘主義をけん引し、副総統まで務めたルドルフ・ヘスがイギリスに単独飛行して亡命すると、クラフトにまで疑いの目が向けられ、ヒトラー敗北の予言解釈をしたとされて収容所送りとなった。クラフトは45年に亡くなっている。一方でイギリス軍もナチスに対抗するため、1943年に偽の予言のチラシを作って、ドイツ領内に上空からバラまいていた。

その後、ノストラダムスの予言は世界中で研究されることになるが、1999年に人類が滅亡するという解釈は、五島独自のものであった。だが、その明瞭さゆえに日本で大ブームを巻き起こし、『ノストラダムスの大予言』は『日本沈没』とともに、オイルショック以降の日本で終末論を蔓延させることになった。

大予言第2弾と『ファティマ・第三の秘密』

『ノストラダムスの大予言』というと、第一弾（73年）ばかりが取り上げられるが、第二弾（79年）もしっかりとベストセラー入りを果たしている。日本でのノストラダムス人気に伴って、海外のオカルト関連書籍も数多く翻訳されることになるが、五島のノストラダムス解釈は、彼独自のものであり続けた。彼は大予言第2弾を出すときに、ベストセラーを書かなければいけないというプレッシャーに相当苦しんだと語っている。

そこで彼は、占星術で「グランドクロス」と呼ばれる、惑星の配置が十字架になる現象が1999年7月と重なって起こるという語り口で、さらなる大予言を展開した。実際この時期、77年に打ち上げられたアメリカの無人惑星探査機ボイジャーが木星（79年3月）、さらに土星（80年11月）を通過するという事象が大きく報じられ、宇宙への関心が再び高まっていた。そのタイミングでグランドクロスに絡んだ予言解釈を打ち出した大予言第2弾は、80

カール・セーガン『コスモス』

年の年間ベストセラー第3位となった。

82年には太陽からみて90度の扇形にすべての惑星が集まる惑星直列が、86年には約76年周期で訪れるハレー彗星の地球大接近があったが、ここで五島が巧みなのは、そんな宇宙ブームを先取りし、占星術でグランドクロスと呼ばれる惑星配置を独自の解釈でノストラダムスの大予言に接ぎ木していることである。もちろん、惑星直列やハレー彗星に絡むオカルト書は当時いくつも出版されていたが、それをすべてすくい上げる形で真打ち登場となったのが、大予言第2弾であった。

また80年には、天文学者カール・セーガンが監修したテレビドキュメンタリー『コスモス』（テレビ朝日系）が人気を博した。テレビで観たカール・セーガンの『コスモス』の興奮が、不思議とノストラダムスと共鳴したのだった。

『コスモス』でセーガンは、地球外知的生命体が存在することを確率的に語り、科学的な裏付けを保ちながらも、皆が期待しているオカルティックな夢を否定することなく宇宙へのロマンをかきたててくれた。72年と73年に打ち上げられた無人惑星探査機パイオニアには全裸の男女などが描かれた金属板、ボイジャーには地球上の自然音や各国のあいさつなどが収録されたゴールデンレコードが搭載されて話題となった。それらの知的生命体へのメッセージを準備したのが、まさにセーガンであったのだ。

彼は国家プロパガンダ的なコストがかかる有人宇宙探査を批判し、無人探査機による科学調査や地球外知的生命体とのコンタクトの可能性をアピールして、宇宙人遭遇への期待を大いに盛り上げる役割を担った。そんな宇宙への関心の高まりを背景に、そのときどきの世間の関心をノストラダムスと結びつけベストセラーを生み出してきた五島勉は、流行作家として非常に優れていたというべきであろう。

そして81年、緊急出版された五島の新たな予言書『ファティマ・第三の秘密』（祥伝社）もまた衝撃的であった。

１９８１年５月２日、アイルランド航空機１６４便をハイジャックした犯人の要求は、ローマ教皇にファティマ第三の秘密を公開せよと迫るものであった。その秘密とは、１９１７年、ポルトガルのファティマという村で３人の牧童が出会った、聖母マリアに似た光り輝く女性に託されたというもの。第一の秘密は第一次世界大戦の終焉、第二は第二次世界大戦の勃発を予言し、第三はローマ教皇によって封印されていた。ほどなく犯人は逮捕されたが、

聖母と出会った３人の牧童

世間の関心は第三の秘密に釘付けになった。

ちなみにファティマの奇跡は1万人もの群衆が目撃し、「ファティマの聖母」として信仰の対象になっている。２０００年、ローマ教皇はその予言は過ぎ去ったとし、教皇暗殺に関わるものとして公開したが、いまだすべてが公にされたわけではないといわれる。

ハイジャック事件に絡み、すかさず一冊の予言書を書き上げた五島勉のスピード感は凄い。まさに、現実とオカルト世界が交差する事件の勃発に、当時の僕らは目眩《めまい》を起こしそうになったのだ。

日本の大予言ブームとオウム事件

五島勉の『ノストラダムスの大予言』シリーズは10冊ある。73年11月の第1弾（公称２５０万部）、79年12月の第2弾（１００万部）以降も、81年2月に第3弾（70万部）、82年7月に第4弾（50万部）、86年2月に第5弾（45万部）が出版されて、着実に売れるシリーズとなった。さらに大予言シリーズの後半5冊は、カウントダウン的に、88年1月に日本編、90年11月に中東編、92年2月に希望編、94年4月に地獄編が続き、98年7月に最終回答編が出て、ひとつの決着となった。

その間にも海外では、80年に出版されたフランスのジャン＝シャルル・ド・フォンブリュヌの予言解釈本が、翌81年のフランス大統領選で社会党のミッテラン左派政権誕生を予測していたことから大ヒットとなって、遅ればせながら戦後ヨーロッパでのノストラダムスブームが再燃していた。それに続くように、ルーマニア出身のアメリカの研究家ヴライク・イオネスクがソ連・東欧の共産主義の崩壊を予言から読み取っていたとして、90年代に世界的な人気を博した。ちなみに、五島は『ノストラダムスの大予言Ⅳ』で、ド・フォンブリュヌに対する痛烈な批判を行っている。

昭和オカルトブームにおいて、１９７３年に始まるのが第一次ブームとするなら、第二次ブームの始まりは１９８９年、昭和天皇崩御をきっかけに、丹波哲郎の『大霊界』が大ヒットしたときだろう。世界的にはベルリンの壁が崩壊し、それとともに米ソ冷戦が終結したが、翌90年には湾岸戦争に突入し、先行きへの不透明感が一気に高まった時期であった。そんな90年代は、世界不安と若者文化の盛り上がりがシンクロし、70年代との類似が指摘されてきた。

たとえば、カウンターカルチャーにおいては、60年代末から70年代がサマー・オブ・ラブといわれているのに対して、80年代末から90年代はセカンド・サマー・オブ・ラブと呼ばれた。実際、昭和オカルトの第二次ブームの時期、海外ではニューエイジやスピリチュアルといった言葉でオカルトブームが大きく息を吹き返した。そんな中、日本は『ノストラダムスの大予言』に書かれた99年7月の人類滅亡を目指して、世紀末的刹那的な享楽を楽しみながら、オカルトブームに沸いた。そこでは、終末論を説き、超能力を獲得して危機を切り抜けようと訴える新興宗教がいくつも登場した。そしてオカルト雑誌『ムー』でも、それらの新興宗教の記事や広告が増加して、社会現象となっていく。

その中でも突出した個性を放っていたのはオウム真理教だった。

それは、84年に麻原彰晃が開いたヨガ教室を前身とし、チベット密教をベースにした修行重視の仏教でありながら、教祖・麻原を最終解脱者のグルとして仰ぎ、神秘体験や超能力の獲得を重視したオカルト色の濃い、独特な宗教であった。その奇抜な活動が受けて、テレビのワイドショーにも出演して信者を増やしたが、一方で、信者には過酷な修行を課し、全財産をお布施して出家することを奨励するなど、教団と信者家族とのトラブルも多発した。そのことは、１９８９年11月7日に起こった坂本堤弁護士一家失踪事件につながる。坂本弁護士はオウム真理教被害者の会の会長を務めており、のちに一家は教団に殺害されたことが判明する。

１９９０年、オウム真理教は、突如として真理党を名乗って衆議院選挙に挑み、麻原をはじめ教団幹部25名が立候補した。麻原の顔面を模したかぶり物を被った信者たちが街頭に立ち、選挙カーからは「しょーこーしょーこー」というテーマ曲が流れて、強烈な印象を残した。しかし、全員が落選する惨敗を喫し、人類滅亡の予言にさらにのめり込んでいく。

『ノストラダムス秘密の大予言』

翌年、麻原と信者の一行は、ノストラダムスの生地フランスを訪ね、予言書の原本に当たって新たな解釈を試み、『ノストラダムス秘密の大予言』（91年）をまとめている。彼らは人類滅亡を妨ぐため、世の中を変える革命を自分たちが起こさなければいけないと考えるようになったともいわれる。

宗教学者・島田裕巳『戦後日本の宗教史』（筑摩書房／２０１５年）によれば、麻原が殺人を肯定するタントラ・ヴァジラヤーナの教えを説くようになったのは、1989年4月7日の説法からという。脱会しようとした信者の最初の殺人は、その2カ月前の2月10日に起こっている。のちに教団にとって邪魔になる人たちの殺人は、チベット密教の言葉を転用して、「ポア」と呼ばれるようになる。一方で93年以降、ソ連崩壊後のロシアに進出し、最大1万人といわれた国内信者を上回る3万人もの信者を獲得し、同時に武装化が進んだとみられる。毒ガス、偽ドル、麻薬、銃火器、潜水艦、軍用ヘリコプターなどの入手を試みたほか、核兵器製造に関する情報を収集していたともいわれている。ここではもはや大予言における人類滅亡は、彼らによって実現されようとしていた。

94年6月27日の松本サリン事件に続き、95年3月20日には地下鉄サリン事件を起こし、死者12人、被害者5500名以上を出した。その10日後には国松孝次警察庁長官狙撃事件が起き、4月24日には、オウム幹部で科学部門を指揮していた村井秀夫がオウム本部前で200人ものマスコミ関係者が見守る中で刺殺された。一連の事件はどれも衝撃的で、教団の凶悪さが批難されるとともに、その狂信のバックグラウンドを支えたとしてオカルト・バッシングにもつながった。

そういう意味で、オカルティックな思想は、常に危険なものを内包してきた。たとえば70

年代の第一次オカルトブームは、戦争に負けて一時封印されていたはずの日本の精神主義が、オカルトという名を借りて蘇ったともいえる。そこには日本独特の終末論や、滅びの美学とでもいうべきメンタリティが横たわっていた。そして第二次ブームでは、ある種危険な精神主義がオウム事件という形で具体化したことによって、世界中を震撼させることになった。特に95年には1月17日に阪神・淡路大震災が起こり、同年3月にオウム事件が続いたことで、『ノストラダムスの大予言』で描かれたような破壊と滅亡がリアリティを持って迫ってきたのだ。

90年代後半、世界的にはミレニアムへのカウントダウンでお祭り騒ぎとなっていたが、皮肉にもオウム事件は、２００１年の９１１テロに始まる世界的なテロの時代の到来を先取りしてしまったともいえるのだ。

９１１と21世紀のノストラダムスブーム

１９９９年、世界の終末は来なかった。だが、その2年後の２００１年、世界中を震撼させる大事件が起こった。

9月11日、アメリカ現地時間午前8時46分、アメリカン航空11便が世界貿易センタービル

911同時多発テロ（photo_eliff 1066™）

の北棟に突っ込み、それに続き、９時３分にユナイテッド航空１７５便が南棟に突っ込んだ。このアメリカ同時多発テロ事件の直後から、ネット上ではノストラダムスについての検索が爆発的に盛んになった。その理由は、９１１が予言されていたのではないかと考えられたからだ。

そこでは、１９９９年やアンゴルモアの大王が登場するおなじみの第10巻72番や大都市の破壊について言及した第6巻97番などが問題にされ、ネット上で曲解され、さらにノストラダムスの文体を真似て改変されて流布した。そして、さまざまな議論を巻き起こすこととなり、９１１後、２００１年を通じて、ノストラダムスはＣＮＮや貿易センタービルやビン・ラディンを抑えて、グーグルで最も検索されたキーワードとなった。世界における予言ブームは、９１１をきっかけに再び盛り上がり、マヤ暦による２０１２年人類滅亡説まで、その流行は続いた。

ちなみに、９１１に関してもうひとつ注目すべきレポートがなされて、オカルト業界のみならず、世間的にも大きなニュースとなった。プリンストン大学の心理学者ロジャー・ネルソンは、世界50カ所以上に乱数発生器を設置して、24時間データを取り続けることで、人間の集団としての無意識が乱数発生器に影響を及ぼすことを調べる「地球意識プロジェクト」を推進している。

1998年に始められたこのプロジェクトでは、過去450件もの社会的な事件において、「0」か「1」かの本来2分の1の確率であるべき乱数の発生確率に微量ながら影響が出ており、そのようなことが起こる確率は25兆分の1であることから、確かに人間の意識が現実世界に何らかの影響を及ぼしていると解釈された。そして、そのプロジェクトにおいて、最も顕著な乱数発生の確率変動が起こった事件が、2001年の911テロであったというのだ。

この実験に使われる乱数発生器は、量子トンネル効果を利用したもので、不確定性原理（物質であると同時に波長）に沿った確率で「0」か「1」かのどちらかが正確に2分の1の確率になるように工学的に設計されている。量子でコントロールされている乱数発生器が人間の意識に影響されるのはなぜか。

理論物理学者ブライアン・ジョセフソンは、1973年に32歳でノーベル賞を受賞しているが、長年、超常現象にも関心を寄せてきた。彼は、テレパシーなどの超能力を量子論と関連付けて研究することを提唱しており、911テロのときの乱数発生の確率変動から、人間の意識が持つ特殊な力の存在を仮定できると語っている。そのような最新科学の視点からの超常現象研究については、2013年、NHKで放送された『超常現象　科学者たちの挑戦』で紹介されて、日本でも注目された。

911に始まる人類の新たな危機は、21世紀の予言ブームを呼び起こしたばかりか、超常現象の科学研究にもさらなる推進力を与えたのだった。

マヤの2012年人類滅亡説

2012年、マヤの人類滅亡説は、世界的には大いに注目された。マヤ暦を独自に解釈して、2012年に人類に大きな転機が訪れることを最初に大きくぶち上げたのは、メキシコ系アメリカ人のホゼ・アグエイアスであった。

ご存知の通り、南米メキシコの古代マヤは、太陽を神として崇め、その運行を司る「暦(カレンダー)」を重んじていた。ツォルキン暦(一年260日)とハアブ暦(一年365日)が一致する52年周期と260年周期などの複数の暦があり、それに従えば、日食などの日にちがすぐにわかるような仕組みになっていた。アグエイアスは、パレンケ遺跡の宇宙飛行士に似た浮き彫りで知られるマヤの王パカル・ヴォタンと霊的に交信したと語り、独自にマヤ暦を解読している。

１９８７年、アグエイアスは『マヤン・ファクター』を出版して、２０１２年12月21日について言及した。彼は、紀元前３１１３年８月13日に始まる約５１２５年の大周期を、約３９４年からなる13のバクトゥン（14万４０００日）という単位に区切っている。そして、その最後の13番目のバクトゥンの終わりが、２０１２年12月21日となることから、その日が人類が高度の精神的次元に上昇するときであると解釈したのだった。

確かに彼は、人類が滅亡するとは言っていないが、物質文明を中心とした現代社会が終焉を迎えるとするならば、いままでの人類にとっては滅亡であろう。アグエイアスの解釈については多くのマヤ学者から批判が寄せられたが、２００９年にローランド・エメリッヒ監督による映画『２０１２』が公開され、世界的に大ヒットすると、アメリカ、南米、さらにロシアでも、世界規模で「２０１２年人類滅亡説」が社会現象として盛り上がることになった。

日本では３・11ショックから、マヤの人類滅亡説に対して、あまり敏感な反応はみられなかった。そして日本のオカルトファンたちは、マヤの人類滅亡説よりもアセンションに夢中

『2012』スタンダード版　発売中￥1,410（税抜）（発売・販売元：ソニー・ピクチャーズ エンタテインメント）

だった。

　アセンションとは、１９５０年代にドイツの天文学者ポール・オットー・ヘッセらが唱えたフォトンベルト仮説に基づき、２０１２年にフォトン（光の粒子）の高エネルギー帯に太陽系が突入することによって、人類に精神的な進化や異星人との遭遇などという激変が訪れるというものであった。科学的にはまったく根拠がないとされているが、前述のマヤ暦の予言と相まって、２０１２年12月へのカウントダウンの世界的な熱狂にいくらか便乗できたかもしれない。

　ところで、２０１２年夏、人類滅亡といわれる日を４カ月後に控え、あるパーティのお誘いがフェイスブックを通じて筆者のもとに届いた。

「イベント名：ザ・ゾンビ・アポカリプス、開催日：２０１２年12月22日、開催地：エブリホエア、参加予定者：１０５万人」

その日程は、マヤの人類滅亡の翌日であった。光栄なことに、ゾンビ・パーティ参加予定者である外国の友人が、日本にいる筆者も招待してくれたのだ。開催地が「エブリホエア（世界のいたるところ）」というのがまた泣かせる。人類が皆、死に絶えて、ゾンビとなって終わることのないパーティを永遠に続けられるということか。

実際、２０１２年人類滅亡説の危機より、この先も人間として生き続けなければならないことを嘆く人もいるかもしれない。世界を覆う出口の見えない大不況、物質的には豊かに見えてもまったく余裕が感じられない日常、すべての個人がサイバー空間と向き合っていることから来る緊張とストレスに晒されている。いまや、世界を支配する大国アメリカの大統領ですら、自分でスマホのキーを叩いてツイートしなければならない時代。すべてが自己責任であり、そこに襲いかかる激しい情報格差と経済格差の荒波。それに比べて、ゾンビたちの自由奔放さ、人間から解放された無責任さがなんと眩しく見えることか。21世紀という未来が訪れてみたらまったく薔薇色ではなかったことへの挫折が、人間の死生観にも大きな激変をもたらしているというべきだろう。

２０１２年、その日は来なかった。それでもゾンビ志願者たちは人類滅亡の夢をみるというところだろうか。

73年以来、日本中を酔わせた人類滅亡ブームは、世界的にはマヤ暦に根ざした2012年でひとつの高まりをみせた。多感な子供時代をノストラダムスとともに生きた僕らは、99年までずっと飴をなめ続けるように滅亡史観にハマっていた。それが破滅的なものであれ、生きていく糧になることには変わりはない。予言とは、人の想像力を刺激する活性剤でもあるのだ。とにかく、人類滅亡の可能性があるからこそ、いまをしっかり生きようという考え方もあるだろう。

いまも、僕らは大予言と出会ったときのドキドキ感を忘れることはない。そこには戦後という時代を生きてきた日本人特有の精神とイマジネーションが映し出されていると思えてならない。そしてオカルトブームは、僕らの姿を映す鏡として、この先もまた形を変えて繰り返し登場していくことになるだろう。本当に人類滅亡の日が訪れるまで。

エピローグ　２０２０年ネオトーキョー

『AKIRA』の予言

２０２０年の東京オリンピックが決定したとき、大友克洋の『ＡＫＩＲＡ』がそれをズバリ予言していたとネットで大いに騒がれた。時として、優れた名作は未来を先取りしてしまうものである。そして、もし『ＡＫＩＲＡ』の予言が当たるとするなら、オリンピックの前に、さらなる試練が東京を襲う可能性があることを忘れてはならない。

『ＡＫＩＲＡ』では、80年代に関東地区で新型爆弾が炸裂して第三次世界大戦が勃発、東京は焦土と化して、２０２０年オリンピックはそこからの復興の象徴であった。そして、オリンピックの前年、カプセルに封印されていた軍事機密であるＡＫＩＲＡが発動して、東京は再び破壊されてしまうのだ。

『ＡＫＩＲＡ』の予言のとおり、オリンピック前年に、地震か原発事故の再発、あるいはテロや他国とのトラブルによって日本が大きく破壊されることになるのだろうか。あるいは、いまの感覚でいえば、サイバー戦争やコンピューターの暴走かもしれない。さらにオリンピック後、日本経済は苦境に陥り、70年代を彷彿とさせるような空前のオカルトブームが巻き起こるのかもしれない。

本書を通じて検証したかったのは、僕らが体験したオカルトブームとは何だったのかということだった。そして、そこからみえてきたのは、まさにオカルト大国ニッポンの姿であった。

なぜ日本は、73年のノストラダムスの大予言に始まるオカルトブームに、90年代後半までどっぷりと浸かっていたのか？　そこには、日本人特有の滅びの美学と滅亡史観があったと思う。そして、オカルトブームとともに選民思想的な精神主義が噴出したのだ。それは、日本的な宗教観といってもいいだろう。

よく日本人は宗教に対して無頓着で、特定の宗教を信じていない、あるいは無宗教といわれる。だが、キリスト教の長い歴史を持ちながらも近代合理主義的な科学を生み出してきた西洋人と比較してみると、日本人の多くは無自覚のうちに魂の不変を信じ、魂が物に宿るというアニミズムが浸透している。つまりオカルトブームには、日本人独特の民族性が色濃く反映されているのである。

人間というものは、物質的に目覚ましい進歩を遂げても、精神的にはなかなか変わらないものなのだろう。特に日本人に根強く残る不可視な領域、つまり霊の世界とでもいうべきものに対する信心はまったく変わっていないのではないだろうか。

70年代オカルトブームにおいて、海外文化として輸入されたＵＦＯや宇宙人、超能力、ネッシーなどが日本的な文脈に回収され、それと同時に、心霊、妖怪、ツチノコなどが復活してきた経緯はみてきたとおりである。そこには歴然とした日本と世界とのズレがあり、その点からも日本の独自性が際立っているところが面白い。

そのことは、たとえば、『ＡＫＩＲＡ』や『新世紀エヴァンゲリオン』といったアニメ作品におけるオカルティックな表現にもはっきりと見受けられる。その点に関しては、村上隆『リトルボーイ』における分析が参考になる。村上はおたくカルチャーの発祥を、広島・長崎の原爆や敗戦のトラウマで説明しようと試みている。『ＡＫＩＲＡ』や『新世紀エヴァンゲリオン』は、ともに都市の破壊や人類の滅亡が描かれ、主人公らが特殊な能力に目覚め、全人類の命運は彼らにかかってくる。だが、そこで展開されている〝戦い〟は日本的な象徴性を持つもので、勝ちも負けもなく、最後には生死を超え、すべてが一体となって象徴的な結末へと昇華していく。それはある種の救済のストーリーであって、視覚的な体験を通じて鑑賞者の心の中に入り込み、ひとつの神話となってずっと生き続けるものなのだ。

オカルティックな要素に着目するなら、欧米文化からの多くのモチーフを借りながら、日本独特の精神世界が描かれていることに気がつくだろう。その世界観は、日本のオカルトブームで作り上げられてきたものを驚くほど大きく反映していると思うのだ。

オカルトとフェティシズム

もうひとつ、世界のオカルトブーム全体からみえてくることに、メディアの変遷の歴史がある。つまり、テレビ、新聞、雑誌といったマスメディアから、インターネット、SNSなどによるソーシャルメディアへの移行期にあって、オカルトブームからメディア様式の違いによる情報操作の効果がよりよくみえてくるということなのである。

ネット時代となってから、あらためてオカルトブームが顧みられるようになってきたのは、過去に出版やテレビで断片的な情報しか得られず、その真偽や背景が確認できなかったものが、90年代後半からインターネットの普及によって、その真相を確かめる情報を入手できるようになったためである。

ここで重要なのは、オカルト事件の真相が明らかとなり、ねつ造が発覚してもなお、人気のあるストーリーは幾度も読み替えられながら生き残り続けていることである。人間は自分が信じたいと思うものを信じてしまう傾向があり、いうなればオカルティックなものは、それを信じる人間の心を映し出す鏡だ。

個人レベルでみるなら、オカルトには、その人の気質や性格、あるいは性癖やフェティシズムが投影されているのだ。

「あなたは、どんなオカルトを信じますか？」と尋ねるときのニュアンスは、いまや「あなたは、何フェチ？」と質問するときと同じくらいの寛容さを持っていると思う。

そのことが、本書の冒頭で、オカルトの自由、あるいはオカルトのカミングアウトについて言及していた理由でもある。つまり、オカルティックなものに素直に向き合えばこそ、それは「自分を映す鏡」として、僕らの内面を克明に映し出してくれるということなのだ。

そして、「フェティシズム」という言葉がもともとは「物を拝む行為」を意味するものであることからも、いまやオカルト趣味も、各人が持つフェティシズムと同様に、プライベートな趣向として認められるようになってきているといっていいだろう。

21世紀のオカルト

そして、ここまで書いてくると、オカルトの役割についても問われてくることになるだろう。

実際、オカルトをひとつのエンターテインメントとして、プロレスのように楽しもうという意見もある。しかし一方で、オカルトというものが世の中のマジョリティの考え方に抗うカウンターであり続けることもまた重要であると思うのだ。

もちろんそこには、テクノロジーとオカルトというものの関係がある。21世紀において、その時代の最先端のテクノロジーを背景としたオカルト進化形とでもいうべき問題が浮上してくることになる。

たとえば、２０４５年に人工知能が人間の知能を追い越してしまうのではないかという意見についてはどうだろう。これは、アメリカの発明家レイ・カーツワイルが言い始めたことで、コンピューターテクノロジーは指数関数的に進歩していることから、このままの勢いであと30年も経てば、コンピューターの処理能力が人間を超えてしまうというのだ。

カーツワイルは、それを「シンギュラリティ（技術的特異点）」と呼び、人工知能の無限の可能性を高らかに宣言するばかりか、自らの全情報をデータ化してコンピューターにアップロードすることで、サイバー空間での不老不死さえも実現すると本気で語っている。それだけ聞けばトンデモ話なのだが、２０１２年、グーグルがカーツワイルをエンジニア部門の役員として登用したことから、人工知能や２０４５年問題がいきなり現実味を帯びたものとして語られるようになった。

このジャンルは、アメリカでは投資の対象としても大きく注目されており、人工知能関連のベンチャー株が高騰するなど、もう後戻り出来ない状況に突入している。実際、グーグルは、人工知能の技術を応用して、検索エンジンをまったく新しくデザインし直そうとしているという。

本当にシンギュラリティが来てしまったらどうするのか。日本におけるこの分野の草分けである松田卓也は、その著書『２０４５年問題』（廣済堂新書／12年）の中でヒューゴ・デ・ガリスが予測する人間よりも１兆の１兆倍（10の24乗倍）賢い人工知能「ゴッド・ライク・マシン」を紹介している。もしもそれが実現するなら、松田は、人類が人工知能支持派と反対派に二分され、ついには世界戦争が勃発するかもしれないというのだ。

２０１５年になって、マイクロソフトのビル・ゲイツが、人類を超える人工知能の危険性を訴えたことから、議論はますます盛んになっている。ホーキング博士に至っては、「人工知能は人類を滅ぼす」と断言しているほど。映画『ターミネーター』で描かれたようなスカイネットの暴走が現実となったら、誰がそれを止めることができるだろうか。

まるでサイエンス・フィクションのような未来を、世界トップの頭脳を持つ人たちが危惧し、白熱した議論を生んでいるのだ。これをいわゆるオカルトといっていいのかはわからないが、少なくとも、人間がコンピューターの中に得体の知れない〝ゴースト〟を生み出そうとしていることは確かだろう。

人類を超える人工知能と向き合ったとき、僕らは、どれほど正気を保てられるのであろうか。

そのような状況は、たとえば、宇宙人と突然遭遇してしまった状況に似ているように思う。まさにコンピューターやインターネットの中にオカルト（隠された）世界が出現してきたともいえるだろう。

だからこそ、カウンターとしてのオカルトが、これまでの想像力の累積を総動員して、その闇の部分を照らし出していこうということになるのだ。そうであるなら、本書はネット時代のオカルトを探索するための手がかりとしても役立つだろう。

魔術師の朝

このように総覧してみると、僕らが子供時代に体験したオカルトは70年代に始まったかにみえていたが、その源泉はずっと古くに遡ることができるし、同時にまた、さらなる未来においても生きる指針を与えるものになり得る要素を持ち続けることだろう。それゆえに僕らには、いまもこれからもオカルトが必要なのである。

80年代には、21世紀のポストモダンの時代には国家の壁が溶解され、世界が平均化された非中心的なネットワークが成り立つような、中世に似た状況になることが予想されていた。さらには、それは過去に暗黒時代と呼ばれたような悪しき中世の再来となるかもしれないとも指摘されたのだ。

たとえば、先に述べた人工知能の飛躍的な進歩によって、シンギュラリティの瞬間が訪れたらどうだろう。それが起こるとしたら、アメリカのグーグル本社ビルか、あるいは世界のどこかか、もちろん日本でもいい。ただし、そこで起こる歴史的な瞬間は、『ＡＫＩＲＡ』や『新世紀エヴァンゲリオン』で描かれたように、選ばれた人たちにしか明かされないものだろう。それではまるで、ロズウェル事件の陰謀のようではないか。アメリカ政府が宇宙人との接触を国民に隠しているという陰謀のストーリーが全世界的にＵＦＯ神話を拡大していったように、人類を超える人工知能の誕生が隠されることで、新たな陰謀のストーリーが生まれないと誰がいえるだろうか。

実際にネット時代には、以前にも増して、あらゆる情報が厳重に隠され、ネット監視や情報規制が進んでいる。つまり、人工知能の問題で検証したように、21世紀では中世の暗黒時代のように真実は隠され、一部の情報エリートたちが世界を動かしていくことになるだろう。だからこそ、僕らはオカルトという鏡に自分の姿を映しながらも、その向こうに潜む陰謀の可能性を疑い、そこに隠された意味を探索し続けることになるのだ。

ソーシャルメディアの世界において、個人はオカルトが生み出す妄想世界の中に漂って生きることもできるが、そんな情報の囲い込みに抗うように、オカルトをカウンターカルチャーとして利用することもできると思うのである。

近代の始まりにおいては、キリスト教に対する異端としての神秘学（オカルティズム）が、宗教支配に対するカウンターとして、次なる時代の到来のきっかけとなった。21世紀においては、ネットにおける情報の囲い込みと見えない情報操作が生み出す暗黒時代に抗うように、すでにネット住民といわれるようなサイバーカルチャーの担い手たちが、新しい文化の創出を始めている。

さらには、かくいう私が、ケロッピー前田というペンネームでレポートを続けている身体改造（ボディ・モディフィケーション＝タトゥー、ピアス、さらにリスクを伴う改造行為の総称）の世界的なムーブメントもまた、カウンターとして、まさにいま進行する暗黒時代の再来に抗っていこうというものである。

このように21世紀のネット時代においてこそ、カウンターとしてのカルチュラル・ムーブメントの重要性が再評価されると思う。だからこそ、オカルティックなものが培ってきた膨大な想像力と神話的なエネルギーもまた、人々の様々な生き方の可能性を示してくれるものとして、今後ますます求められるものになるだろうと思うのだ。

「魔術師の朝」とは、１９６０年にフランスで出版され、戦後の世界的オカルトブームをけん引することとなった本のタイトルである。ここで再びその言葉を挙げたのは、21世紀にこそ、魔術師（オカルティスト）たちの再来というべき日の出が望まれるからに他ならない。これからのさらなる混沌とした時代を生き抜くために、新たなるオカルトブームと次なる神話の登場が待ち望まれているのである。

あとがき

　こうして一冊の本として書き上げてみると、自分が子供時代から出版やマスコミに憧れを持った理由も、70年代オカルトの影響が大きかったように思う。子供の頃にやりたいと思っていたことを大人になってできたという達成感が大いにあるのだ。

　全体を通じて強調しておきたいことがあるとすれば、オカルトの自由を謳歌していい時代になっているということだろう。

　本書が読者にとって、いわゆるオカルトというジャンルに縛られることなく、自由にイマジネーションを羽ばたかせるきっかけとなってもらえれば幸いである。科学にしろ、文化にしろ、芸術にしろ、何かの分野を追いかけていくと、必ずそこには隠された部分としてのオカルト的な領域を発見してしまうのではないかと思う。人間にかかわるあらゆる活動にオカルティックなものがあることを再発見してもらえれば、嬉しいかぎりである。

最後になりますが、本書の制作にあたって、多くの方々のご厚意にあずかっています。本書の企画を取り上げて編集担当として大変な作業をやり遂げてくださった光文社の三野知里氏、帯デザインの宮崎貴宏氏、帯画のシライシユウコ氏、そして、勢いのある一文を寄せていただいた大槻ケンヂ氏に感謝いたします。また、オカルト関連の執筆の機会を与えてくれた雑誌編集者、福永航氏、石原ヒロシ氏、辻陽介氏、小笠原暁氏、中田薫氏、比嘉信顕氏、坂茂樹氏、日笠功雄氏、大島大氏、福田光睦氏、本当にありがとうございました。子供時代からオカルト趣味を共有してきた親友の杉原稔氏にもこの場でお礼を申し上げます。あらためて、日頃の活動を応援してくださっている皆さんに感謝します。ありがとうございます！

前田亮一

２０１５年12月　東京にて

年	日本におけるオカルト事情	海外におけるオカルト事情	世界情勢
1910	福来友吉が千里眼や念写の公開実験を試みたが、実証に至らず批判を浴びた		
1912		アルフレート・ヴェーゲナーが「大陸移動説」を発表	
1915	福来友吉が東大を追われる		
1917		コティングリーの妖精写真が撮影される	
1921			アインシュタインがノーベル賞を受賞
1923	浅野和三郎が「心霊科学研究会」（のちの日本心霊科学協会）を結成		
1931		ジェームズ・チャーチワード『失われたムー大陸』出版	
1934		ネッシーを世界的に有名にする「外科医の写真」が撮影される	
1938		古代魚シーラカンスが発見され、	

		未知の動物捜索が世界的に盛んになる	
1942	チャーチワードのムー大陸伝説が『南洋諸島の古代文化』として翻訳される		
1945		フライト19、マーチン・マリナー号が相次いでバミューダ海域で行方不明に	第二次世界大戦終結
1947		**ケネス・アーノルド事件** **ロズウェル事件** 米軍がUFO現象の専門調査機関「プロジェクト・サイン」を発足、のちに「グラッジ」「ブルーブック」と名前を変更しつつ継続	
1950		ドナルド・キーホー『空飛ぶ円盤は実在する』出版	
1951		登山家エリック・シプトンがイエティのものと思われる足跡を撮影	
1953		ジョージ・アダムスキー『空飛ぶ	

		円盤実見記』が世界的なベストセラーに	
1955	荒井欣一が「日本空飛ぶ円盤研究会」設立		
1957			ソ連が人工衛星スプートニク号打ち上げ成功
1958		ユング『空飛ぶ円盤』出版	アメリカでNASA発足
1959	東大の小川鼎三を中心とする雪男研究グループがヒマラヤ捜索を行う	チェコの無線技術者カール・ドラバルがピラミッド・パワーを応用した「ファラオのカミソリ再生器」で特許取得	
1960		『魔術師の朝』がフランスで出版され、ナチスはオカルトという内容がセンセーションを巻き起こす	
1961		ベティ&バーニー・ヒル事件	
1963			ケネディ大統領暗殺事件
1964			東京オリンピック 日本で海外旅行が自由化
1967		ビッグフットが歩く映像「パター	

1968		ソン・フィルム」が発表される デニケン『未来の記憶』出版。その後、各国語に翻訳されて驚異的な大ヒットに	
1969		「コンドン報告」で米政府はUFOの存在を否定し、調査の幕切れを図った	アポロが月面着陸に成功
1970		『ソ連圏の四次元科学』出版、米ソの超能力開発競争のきっかけに	日本の公害問題が深刻化
1971	水木しげる『ゲゲゲの鬼太郎』カラーアニメ化	コリン・ウィルソン『オカルト』出版	
1972	田辺聖子『すべってころんで』連載開始（73年テレビドラマ化）	CIAがSRI（スタンフォード研究所）に超能力研究を委託、被験者としてイスラエルからユリ・ゲラーがアメリカに呼ばれる	ウォーターゲート事件 日中国交正常化 パンダフィーバー
1973	日本テレビ系『木曜スペシャル』放送開始／**小松左京『日本沈没』出版（同年映画化）**／**五島勉『ノストラダムスの大予言』出版（翌年映画化）**／『石原新	ユリ・ゲラーがヨーロッパのテレビ番組を通じて大ブレイク	オイルショック

	太郎の国際ネッシー探検隊』放送／矢口高雄『幻の怪蛇バチヘビ』、つのだじろう『うしろの百太郎』連載開始	
1974	**ユリ・ゲラー初来日**／中岡俊哉編『恐怖の心霊写真集』出版／中岡俊哉『狐狗狸さんの秘密』出版／『エクソシスト』がオカルト映画として日本公開	**チャールズ・バーリッツ『バミューダ・トライアングル』出版**
1976	南山宏が、未確認生物を「UMA」と命名	マックス・トス&グレッグ・ニールセン『ピラミッド・パワー』出版
1977	『川口浩探検隊シリーズ』放送開始／ニュージーランド沖で日本の漁船がニューネッシーを引き揚げる	**映画『未知との遭遇』全米公開**
1978	ピンクレディー「UFO」大ヒット	
1979	学研『ムー』創刊／「口裂け女」の噂が全国に広まる	
1980	五島勉『ノストラダムスの大予言II』も見事ベストセラーに／カール・セーガン『コスモス』放映	チャールズ・バーリッツ&ウィリアム・ムーア『謎のロズウェル事件』出版／サタニズムを礼賛するオジー・オズボーン『ミスター・

		クロウリー』大ヒット	
1981	五島勉『ファティマ・第三の秘密』出版		
1989	**映画『丹波哲郎の大霊界』大ヒット**		昭和天皇崩御 ベルリンの壁崩壊
1990			湾岸戦争勃発
1991	麻原彰晃『ノストラダムス秘密の大予言』編纂		
1994	矢追純一『ナチスがUFOを造っていた』出版	米国陸軍諜報部がジョゼフ・マクモニーグルらを超能力スパイとする「スター・ゲイト」計画を行っていたことが公表され、同年、予算削減のため同計画は廃止された	
1995		グラハム・ハンコック『神々の指紋』出版	阪神・淡路大震災 地下鉄サリン事件
1998		ロジャー・ネルソン「地球意識プロジェクト」開始	
1999		デーヴィッド・アイクが『大いなる秘密』で人類は爬虫類型異星人	

		レプティリアンに支配されていると公表	
2001		同時多発テロののち、ネットで「ノストラダムス」が検索項目のトップとなる	アメリカ同時多発テロ
2004	副島隆彦『人類の月面着陸は無かったろう論』出版		スマトラ島沖地震
2009		映画『2012』が大ヒットし、「マヤの2012年人類滅亡説」が社会現象に	
2011			東日本大震災
2012	NHK取材班と窪寺恒己博士らの研究チームが、深海で生きたダイオウイカの撮影に成功	ロシアのケメロヴォ州にあるアザス洞窟でイエティの体毛と思われるものが発見され、同年、同地で国際イエティ会議が開催された	
2013		英国BBCのドキュメンタリー『ユリ・ゲラーの秘められた人生』で、ゲラーが長年米国の超能力スパイであったと主張して話題に	

主要参考文献

第一章　宇宙開発時代の空飛ぶ円盤

中岡俊哉『空とぶ円盤と宇宙人』小学館、1975年
矢追純一『矢追純一は宇宙人だった⁉』学研、2014年
稲生平太郎『何かが空を飛んでいる』新人物往来社、1992年
カーティス・ピーブルズ『人類はなぜUFOと遭遇するのか』皆神龍太郎訳、文春文庫、2002年
山本弘、皆神龍太郎、志水一夫『トンデモUFO入門』洋泉社、2005年
ジョージ・アダムスキー『第2惑星から地球訪問者』久保田八郎訳、中央アート出版、1991年
ウェンデール・スチーブンス『宇宙人との遭遇』芝田康彦訳、徳間書店、1980年
C・G・ユング『空飛ぶ円盤』松代洋一訳、筑摩書房、1993年
エーリッヒ・フォン・デニケン『未来の記憶』松谷健二訳、早川書房、1969年
『未来への遺産　第2集』学研、1975年
J・アレン・ハイネック『第三種接近遭遇』南山宏訳、角川春樹事務所、1997年
町山智浩『〈映画の見方〉がわかる本』洋泉社、2002年
木原善彦『UFOとポストモダン』平凡社新書、2006年
スーザン・A・クランシー『なぜ人はエイリアンに誘拐されたと思うのか』早川書房、2006年
副島隆彦『人類の月面着陸はなかったろう論』徳間書店、2004年
山本弘、植木不等式、江藤巌、志水一夫、皆神龍太郎『人類の月面着陸はあったんだ論』楽工社、2005

年
落合信彦『20世紀最後の真実』集英社、１９８４年
矢追純一『ナチスがＵＦＯを造っていた』河出書房新社、１９９４年
飛鳥昭雄、三神たける『失われた空飛ぶ円盤「ナチスＵＦＯ」の謎』学研、２０１２年
ルイ・ポーウェル、ジャック・ベルジェ『神秘学大全』伊東守男訳、学研、２００２年
Michael Hesemann & Philip Mantle “Beyond Roswell” Michael O’ Mara Books, 1997
Marcus Day “Aliens” CLB, 1997
John Spencer “The UFO Encyclopedia” Avon Books, 1993
Michael Hesemann “UFOs” Konemann, 2001
John & Anne Spencer “50 Jahre UFOs” Heyne, 1997

第二章　ユリ・ゲラーと米ソ超能力戦争

Ｓ・オストランダー、Ｌ・スクロウダー『ソ連圏の四次元科学（上・下）』橋本健監修、照洲みのる訳、たま出版、１９７３-１９７４年
シーラ・オストランダー、リーン・スクロウダー『ソ連・東欧の超科学』（旧・『ソ連圏の四次元科学』上下合本）照洲みのる訳、たま出版、１９９０年
マーチン・エボン『サイキック・ウォー』近藤純夫訳、徳間書店、１９８４年
石川幹人『超心理学』紀伊國屋書店、２０１２年
石川幹人『「超常現象」を本気で科学する』新潮社、２０１４年
宮城音弥『超能力の世界』岩波書店、１９８５年

ユリ・ゲラー『ユリ・ゲラーのあなたも超能力者になれる!!』秋山眞人訳、騎虎書房、1992年
ユリ・ゲラー、G・L・プレイフェア『ユリ・ゲラーの反撃』秋山真人訳、騎虎書房、1989年
秋山眞人『奇跡の超能力者』竹書房、1995年
梅原勇樹、苅田章『超常現象　科学者たちの挑戦』NHK出版、2014年

第三章　四次元とピラミッド・パワー

中岡俊哉『ピラミッド・パワー』二見書房、1978年
マックス・トス&グレッグ・ニールセン『ピラミッドパワーを発見した』岩倉明訳、KKベストセラーズ、1978年
チャールズ・バーリッツ『謎のバミューダ海域』南山宏訳、徳間文庫、1997年
チャールズ・バーリッツ『謎のフィラデルフィア実験』南山宏訳、徳間書店、1979年
ジョン&アン・スペンサー『世界の謎と不思議百科』金子浩訳、扶桑社、1997年
斉藤守弘『なぞの四次元』学研、1975年
橋本健・小田秀人・中岡俊哉・内田秀男・本山博・清家新一『四次元図鑑』池田書店、1974年
都筑卓司『新装版　不確定性原理』講談社、2002年
都筑卓司『新装版　四次元の世界』講談社、2002年
C+Fコミュニケーションズ『パラダイム・ブック』日本実業出版社、1986年

第四章　ネッシー捜索隊から深海巨大生物へ

アンガス・ホール『ネッシーと雪男』桐谷四郎訳、学研、1976年

並木伸一郎『最強のＵＭＡ図鑑』学研、２０１１年
南山宏監修『謎の未確認生物ＵＭＡミステリー』双葉社、２００９年
山口敏太郎監修、株式会社レッカ社編著『世界の未確認生物ＵＭＡファイル』ＰＨＰ研究所、２０１０年
山本素石『完本・逃げろツチノコ』筑摩書房、１９９６年
伊藤龍平『ツチノコの民俗学』青弓社、２００８年
ＮＨＫスペシャル深海プロジェクト取材編＋坂元志歩『ドキュメント深海の超巨大イカを追え！』光文社新書、２０１３年
クレール・ヌヴィアン『深海』晋遊舎、２００８年
三輪哲也監修、株式会社レッカ社編著『ここまでわかった！深海の謎』ＰＨＰ研究所、２０１０年
長沼毅、藤崎慎吾『辺境生物探訪記』光文社新書、２０１０年

第五章　心霊写真と日本の心霊研究の復興

中岡俊哉編『恐怖の心霊写真集』二見書房、１９７３年
ジョン・ハーヴェイ『心霊写真』松田和也訳、青土社、２００９年
ジャネット・オッペンハイム『英国心霊主義の抬頭』和田芳久訳、工作舎、１９９２年
浜野志保『写真のボーダーランド』青弓社、２０１５年
一柳廣孝、吉永進一監修『奇なるものへの挑戦』岐阜博物館、２０１４年
丹波哲郎『死者の書』中央アート出版、１９８０年
丹波哲郎『大霊界』学研、１９８７年
五島勉『カルマの法則』祥伝社、１９７８年

コリン・ウィルソン『オカルト』中村保男訳、平河出版社、1985年
コリン・ウィルソン『超オカルト』風間賢二、阿部秀典訳、ペヨトル工房、1993年
コリン・ウィルソン『来世体験』荒俣宏監修、梶元靖子訳、三笠書房、1991年
レイモンド・A・ムーディ・Jr.『かいまみた死後の世界』中山善之訳、評論社、1977年
エマニュエル・スウェデンボルグ『私は霊界を見て来た』今村光一訳、叢文社、1975年
モーリス・ローリングズ『死後の扉の彼方』川口正吉訳、第三文明社、1981年
高橋ヨシキ『悪魔が憐れむ歌』洋泉社、2013年
澁澤龍彦『黒魔術の手帖』河出書房新社、1982年

第六章　日本沈没と失われた大陸伝説

小松左京『日本沈没（上）（下）』光文社、1973年
竹内均、上田誠也『地球の科学』NHKブックス、1964年
小松左京『復活の日』角川春樹事務所、1998年
小松左京『果しなき流れの果に』角川春樹事務所、1997年
小松左京『小松左京自伝』日本経済新聞社、2008年
筒井康隆『日本以外全部沈没』角川文庫、2006年
竹内均『ムー大陸から来た日本人』徳間書店、1980年
竹内均『ムー大陸から来た日本人　再び』徳間書店、1990年
木村政昭編著『与那国島海底遺跡』ザ・マサダ、2000年
ロイ・ステマン『謎の大陸』小野協一訳、学研、1977年

ジェームズ・チャーチワード『失われたムー大陸』小泉源太郎訳、大陸書房、1968年
レイモンド・バーナード『地球空洞説』小泉源太郎訳、大陸書房、1973年
グラハム・ハンコック『神々の指紋（上）（下）』大地舜訳、翔泳社、1996年
コリン・ウィルソン『アトランティスの遺産』川瀬勝訳、角川春樹事務所、1997年
コリン・ウィルソン『アトランティスの暗号』松田和也訳、学研、2006年
Clark Spencer Larsen "Our Origins" Norton, 2008

第七章　ノストラダムスの大予言と人類滅亡

五島勉『ノストラダムスの大予言』祥伝社、1973年
五島勉『ノストラダムスの大予言Ⅱ』祥伝社、1979年
五島勉『ノストラダムスの大予言Ⅲ』祥伝社、1981年
五島勉『ノストラダムスの大予言Ⅳ』祥伝社、1982年
五島勉『ノストラダムスの大予言Ⅴ』祥伝社、1986年
五島勉、西丸震哉『実説大予言』祥伝社、1974年
五島勉『ファティマ・第三の秘密』祥伝社、1981年
エルヴェ・ドレヴィヨン、ピエール・ラグランジュ『ノストラダムス』伊藤進監修、後藤淳一訳　創元社、2004年
ピーター・ラメジャラー『ノストラダムス百科全書』田口孝夫、目羅公和訳、東洋書林、1998年
ピーター・ラメジャラー『ノストラダムス予言全書』田口孝夫、目羅公和訳、東洋書林、1998年
志水一夫『トンデモ　ノストラダムス解剖学』データハウス、1998年

山本弘『トンデモ大予言の後始末』洋泉社、2000年
島田裕巳『予言の日本史』NHK出版、2014年
島田裕巳『戦後日本の宗教史』筑摩書房、2015年
大田俊寛『オウム真理教の精神史』春秋社、2011年
一橋文哉『オウム帝国の正体』新潮文庫、2002年
『人類滅亡大全』洋泉社MOOK、2009年

エピローグ　2020年ネオトーキョー
村上隆編著『リトルボーイ』ジャパン・ソサエティー、2005年
レイ・カーツワイル『ポスト・ヒューマン』井上健監修　小野木明恵、野中香方子、福田実訳、NHK出版、2007年
松田卓也『2045年問題』廣済堂新書、2012年
Louis Pauwels & Jacques Bergier "The Morning of the Magicians" Destiny Books, 2009

本書全体
初見健一『ぼくらの昭和オカルト大百科』大空ポケット文庫、2012年
原田実『オカルト「超」入門』星海社、2012年
大田俊寛『現代オカルトの根源』筑摩書房、2013年
大槻ケンヂ、山口敏太郎『人生で大切な事はオカルトとプロレスが教えてくれた』KADOKAWA／角川学芸出版、2015年

みんなの心霊新聞編集部『みんなの心霊新聞』学研、２０１４年
中岡俊哉『心霊大全』ミリオン出版、２０００年
一柳廣孝編著『オカルトの帝国』青弓社、２００６年
森達也『オカルト』角川書店、２０１２年
佐藤健寿『X51.ORG THE ODYSSEY』講談社、２００８年
コリン・ウィルソン監修『超常現象の謎に挑む』教育社、１９９２年
フランシス・イエイツ『薔薇十字団の覚醒』山下和夫訳、工作舎、１９８６年

Additional credits of photos:
[119p] "The Surgeon's Photo" by Robert Kenneth Wilson (1934)/ [125p] Yeti footprint by Eric Sipton (1951)/ [126p] "The Patterson film" by Roger Patterson & Bob Gimlin (1967)/ [153p] "Mary Todd Lincoln with the ghost of her husband, President Abraham Lincoln" by William Mumler (1870-75), "Shroud of Turin" by Secondo Pia (1898), "The Brown Lady of Raynham Hall" from Country Life magazine (1936), "Mrs. Longcake with the spirit of her dead sister-in-law" by William Hope (1930's)/ [155p] "Frances Griffiths with the alleged fairies" by Elsie Wright (1917)

※資料の年号は筆者が用いたものの初版年を記した。

前田亮一（まえだりょういち）
1965年東京生まれ、千葉大工学部卒業後、白夜書房（コアマガジン）を経てフリーランスに。ケロッピー前田のペンネームで世界のアンダーグラウンドカルチャーを現場レポート、若者向けカルチャー誌「ブブカ」「バースト」「タトゥー・バースト」（ともに白夜書房／コアマガジン）などで活躍し、海外の身体改造の最前線を日本に紹介してきた。ハッカー、現代アート、陰謀論などのジャンルにおいても海外情報収集能力を駆使した執筆を展開している。

今《いま》を生《い》き抜《ぬ》くための　70年代《ねんだい》オカルト

2016年1月20日初版1刷発行

著　者 —— 前田亮一
発行者 —— 駒井　稔
装　幀 —— アラン・チャン
印刷所 —— 萩原印刷
製本所 —— 関川製本
発行所 —— 株式会社 光文社
東京都文京区音羽1-16-6（〒112-8011）
http://www.kobunsha.com/
電　話 —— 編集部03（5395）8289　書籍販売部03（5395）8116
業務部03（5395）8125
メール —— sinsyo@kobunsha.com

 ISBN 978-4-334-03902-8

785
お経のひみつ
島田裕巳

お坊さんが読むお経には、仏教のエッセンスがつまっている。『般若心経』『法華経』など5つのお経を軸に、なんともふしぎで、じわじわおもしろい仏教の世界へ誘う新しい入門書。

978-4-334-03888-5

786
ケトン体が人類を救う
糖質制限でなぜ健康になるのか
宗田哲男

胎児や赤ちゃんは糖質制限していた！　著者による世界的発見を紹介しながら、糖尿病や肥満だけでなくがんや認知症にも有効なケトン体（脂肪を分解して生成）代謝生活を勧める。

978-4-334-03889-2

787
猫を助ける仕事
保護猫カフェ、猫付きシェアハウス
山本葉子　松村徹

猫の殺処分ゼロを目標に、ソーシャルビジネスの手法で猫の保護活動に取り組むNPO法人代表と、不動産研究の第一人者がコラボした、猫と人との共生を考える一冊。

978-4-334-03890-8

788
ローカル志向の時代
働き方、産業、経済を考えるヒント
松永桂子

都市、農村、フラット化、新たな自営、地域経営ｅｔｃ．いま、地域が面白いのはなぜか。これからの社会・経済を示唆する「小さな変化」を読み、個人と社会のあり方を考える。

978-4-334-03891-5

789
創造的脱力
かたい社会に変化をつくる、ゆるいコミュニケーション論
若新雄純

取締役が全員ニート「NEET株式会社」、課員は現役女子高生「鯖江市役所JK課」…実験的なプロジェクトの実態と当事者の肉声から、ゆるめるアプローチがうむ「新しい何か」を探る。

978-4-334-03892-2

790
遊ぶ力は生きる力
齋藤式「感育」おもちゃカタログ
齋藤孝

コミュ力、やり抜く力、機転力。この世の中は学力や成績よりずっと大切なことばかり。子育てに必要なポイントを、「遊び」を軸にわかりやすく解説します。最新おもちゃカタログ付き。

978-4-334-03893-9

791
誰でもできる
ロビイング入門
社会を変える技術
明智カイト

弱者やマイノリティを守るために政治に働きかけること――「草の根ロビイング」の暗黙のルールと、様々な立場からロビイングに関わってきた人たちのテクニックを紹介・解説。

978-4-334-03894-6

792
白米が健康寿命を縮める
最新の医学研究でわかった口内細菌の恐怖
花田信弘

糖質をエサに口内から血管に侵入した菌が、全身で慢性炎症を起こしている！　脳梗塞、動脈硬化、がん、認知症etc.の原因となる歯原性菌血症を防ぐため栄養学と口腔ケアの見直しを説く。

978-4-334-03895-3

793
受験うつ
どう克服し、合格をつかむか
吉田たかよし

単なる不調やストレスを越え、うつ病になる受験生が増えている。発病のサイン、対策とは何か？　脳機能から考えたストレス管理法や効率的な勉強法も教える、全受験生必読の書。

978-4-334-03896-0

794
健さんと文太
映画プロデューサーの仕事論
日下部五朗

名優・高倉健と菅原文太とともに「任侠」「実録」の一時代を築いた稀代のプロデューサーが、二人の素顔と、企画術やヒットの極意など、あらゆるモノづくりに通底するヒントを公開。

978-4-334-03897-7

795
若田光一 日本人のリーダーシップ
ドキュメント 宇宙飛行士選抜試験II
小原健右 大鐘良一

「対応力」「調整力」「決断力」。アジアで初めて国際宇宙ステーション船長に若田光一が抜擢されたのはなぜか？ 本物のリーダーの条件とは？ 永遠のテーマに人気取材陣が挑む！

978-4-334-03898-4

796
心配学
「本当の確率」となぜずれる？

島崎敢

インフルエンザと交通事故、どっちが死ぬ確率は高い？ 心配の度合いと、本当の確率は大きくずれる。人生の正しい選択のための学問「心配学」の世界へ、気鋭の心理学者が誘う。

978-4-334-03899-1

797
韓流スターと兵役
あの人は軍隊でどう生きるのか
康熙奉

ユンホ、チャンミン、ジェジュン……続々と入隊する20代の大物韓流スターたち。徴兵制のため2年近くファンの前から姿を消さざるをえない彼らの苦悩、そして兵役の日々の実態とは。

978-4-334-03900-4

798
ユダヤ人と近代美術
圀府寺 司

有史以来、離散・追放・移住・迫害を余儀なくされてきた人々は、どのようにして美術という世界と関わり、そこに自らの生を託してきたのか。これまで語られることのなかった物語。

978-4-334-03901-1

799
今を生き抜くための
70年代オカルト
前田亮一

UFO、UMA、超能力、心霊写真、ピラミッド・パワー、ムー大陸、四次元……ネット時代の今の視点から、あの頃オカルトがくれた自由や情熱、戦後の日本人像を再検証する。

978-4-334-03902-8